dtv *galleria*

»Am frühen Nachmittag war ein Regenschauer niedergegangen. ›E 14‹, sagte Wallander. ›Bis zur Abfahrt Katslösa und Kadesjö. Nach links Richtung Knickarp, dann nach rechts, wieder links, und dann nach einem Traktorenweg suchen.‹« *(Henning Mankell, ›Die weiße Löwin‹)*
Was ist das für eine Landschaft, in der Henning Mankells Kommissar Wallander seine Leichen findet, durch regennasse Felder stapft und seinen Kummer pflegt? Dieses bäuerliche, sanft gewellte Schonen ist seit Jahrhunderten ein Grenzland gewesen: am Rande Schwedens und Europas gelegen, ein Hafen nach Deutschland, Polen und zum Baltikum, der letzte Vorposten der Elche. Der Südosten Schonens ist eine Landschaft der Vergangenheit, in der der Traum von einem älteren, einfacheren Weltzustand fortlebt. Thomas Steinfeld kennt diese Gegend seit Jahren – von Malmö bis Simrishamn, vom Öresund bis an die Ostsee. Er ist auf Wallanders Wegen gereist und hat den eigentümlich spröden Charme dieser Landschaft eingefangen.

*Thomas Steinfeld* wurde 1954 geboren, studierte Germanistik und Musikwissenschaften. Er war Dozent an amerikanischen Universitäten, Lektor und Redakteur, leitete von 1997 bis 2001 das Ressort Literatur der ›Frankfurter Allgemeinen Zeitung‹, jetzt das der ›Süddeutschen Zeitung‹. Er lebt in Frankfurt, München und in einem Dorf an der schwedischen Ostseeküste.

Thomas Steinfeld

# Wallanders Landschaft

Eine Reise durch Schonen

Mit einem Vorwort
von Henning Mankell

Deutscher Taschenbuch Verlag

Von Thomas Steinfeld
sind im Deutschen Taschenbuch Verlag erschienen:
Riff (30880)
Weimar (34050)

Von Thomas Steinfeld herausgegeben
ist im Deutschen Taschenbuch Verlag erschienen:
»Einmal und nicht mehr«. Schriftsteller
über das Alter (13030)

*Alle Kurt-Wallander-Romane von Henning Mankell
sind im Deutschen Taschenbuch Verlag erschienen.*

Ungekürzte Ausgabe
November 2004
Deutscher Taschenbuch Verlag GmbH & Co. KG, München
www.dtv.de
Lizenzausgabe mit Genehmigung des Paul Zsolnay Verlags

Das Vorwort wurde von Thomas Steinfeld aus dem Schwedischen übersetzt.
Umschlagkonzept: Balk & Brumshagen
Umschlagfoto: © Bilderberg/Hans Madej
Satz: Filmsatz Schröter GmbH, München
Gesetzt aus der Caslon Adobe 11/13,5·
Druck und Bindung: Druckerei C. H. Beck, Nördlingen
Gedruckt auf säurefreiem, chlorfrei gebleichtem Papier
Printed in Germany · ISBN 3-423-20759-0

# Vorwort

## *Mein Grenzland Schonen*

Schonen ist ein Grenzland. Damit meine ich, daß hier eine große Dynamik, eine besondere Intensität zu Hause ist. Von vornherein möchte ich also den Mythos zerstören, daß sich die Menschen in Schonen von der Welt abgeschlossen hätten, allzu bedächtig seien, daß alles langsam vor sich geht, daß sie unbeweglich sind und das Leben konservativ betrachten. Denn wäre das wahr, dann hätte Schonen nie das Meer berührt, wäre eine eingeschlossene Landschaft ohne Küste gewesen, eingeklemmt zwischen Bergen und Wäldern. Aber so ist Schonen nicht. Da liegt Schonen, und das Land neigt sich zum Meer hinab, und die See ist immer gegenwärtig. Es ist, als könnte man selbst tief in den Buchenwäldern oder oben auf den Hügeln die Wellen schlagen hören.

Gewiß kann man hier, wie an allen anderen Orten, Leute treffen, die sich das Nichtstun zum Lebensstil erkoren haben. Für mich aber ist Schonen ein dynamisches Grenzland, eine Halbinsel, die in ein Meer hinaussticht. Ein Grenzland ist stets auf irgendeine Weise unberechenbar. Manchmal stelle ich mir diese Unberechenbarkeit wie ein Fieber vor. In einem Grenzland gibt es nichts Beständiges. Menschen aus allen Windrichtungen kommen auf die Ebene Schonens, und sie begegnen einander, ohne sich verabredet zu haben. Selbstverständlich stehen noch die Ritterburgen und die Schlösser der alten Herrschaft. Doch alles andere war ohne Unterlaß gezwungen, sich der Prüfung durch den Wandel der Zeiten zu unterwerfen. Manchmal denke ich, daß es auch zwischen den Menschen eine Art von Erhöhung des Festlandssockels gibt. Generation um Generation erfinden wir den Ort neu, an dem wir leben.

Mein persönliches Verhältnis zu Schonen beginnt mit dem Gegenstück zu dieser Landschaft. Schonen ist eben, dort gibt es Buchenwälder und eine offene Landschaft. Mein Leben begann in einer ganz anderen Gegend: tiefe Fichten- und Tannenwälder, wüste, enge Täler zwischen Bergen, und diese oft von Schnee bedeckt. Ich bin in Härjedalen aufgewachsen. Dort breiten sich die Wälder über Dutzende von Kilometern aus, dort waren das Meer wie die weite Welt unendlich weit entfernt. Manchmal glaube ich, daß ich die mir zugemessene »Ration« von Nadelwald schon während meiner ersten Lebensjahre aufgebraucht habe. Vielleicht ist es deswegen allzu verständlich, daß es mich später im Leben in die Ebene und zum Meer zog. (Härjedalen muß aber nicht verzweifeln. In dieser Landschaft gibt es einen unendlich wertvollen Rohstoff, der noch kaum genutzt wird. Die Stille. In dem zunehmenden Lärm, in dem wir leben, wird dieser Rohstoff immer gesuchter werden.) Und so kam ich nach Schonen. Und wenn ich schlechte Laune habe, dann denke ich mir, daß einer der Vorteile von Schonen darin besteht, daß der Rest von Schweden hinter einem liegt. Eine Landschaft ist durch Geographie allein nicht zu erfassen. Stets ist ein inneres Schattenbild gegenwärtig.

Schonen ist ein Grenzland. Man könnte sagen, daß die Ostsee südlich von Schonen unseren Rio Grande darstellt. Nur hundert Kilometer weiter südlich beginnt das europäische Festland. Über die See kamen und gingen die Menschen. Schwedische Armeen haben sich siegesgewiß auf den Kontinent schiffen lassen, um sich später geschlagen und zerstreut nach Hause zu schleppen. Unser berüchtigtster König Karl XII. kehrte nach vielen Jahren im Ausland an den Strand von Schonen zurück. Er kam wie ein Landesflüchtiger heim und hoffte, seine Scham im Schatten der Heimat verbergen zu können. August Strindberg hat diese Heimkehr in der Einleitung zu seinem Theaterstück *Karl XII.* auf außerordentlich suggestive Weise beschrieben. Doch nicht nur Krieger haben das Land in Schonen verlassen und in Schonen wieder betreten. Schonen war wie eine rotierende Nabe im Süden Skandinaviens, eine Nabe, um die sich Dänen und Schweden im Laufe der Jahrhunderte oft geschlagen haben. Im Augenblick gehört sie zu Schweden. Aber wer weiß, wie es damit in hundert Jahren beschaffen ist?

Schonen ist ein Grenzland. Ich fühlte mich hier gleich nach meiner Ankunft zu Hause. Die Winde blasen frisch, als ob die Landschaft ein riesengroßes, weit geöffnetes Fenster wäre. Aber die Winter können hart sein. Wenn die Schneestürme toben, wünscht man sich, daß dieses Fenster nicht so undicht wäre.

Im Laufe der Zeit habe ich herausgefunden, daß ich mich am ehesten an einem fremden Ort zu Hause fühle. Ich hatte keinerlei Beziehung zu Schonen, als ich vor mehr als zwanzig Jahren zum ersten Mal herkam. Wir kamen aus Norwegen, es war im Jahr 1982. Meine damalige Frau, eine schwarze norwegische Waldkatze und ich – wir verfrachteten uns in einen alten grünen Citroën und fuhren nach Süden. Wir hatten ein Haus in Trunnerup gefunden, das hundertvierzigtausend Kronen kostete. Viel Geld für unsere damaligen Verhältnisse. Aber das Haus war in hinreichend gutem Zustand, so daß wir sofort einziehen konnten. Zuletzt hatte es einem pensionierten Zimmermann gehört. Aus tausend Stücken, die er auf irgendwelchen Baustellen aufgesammelt hatte, war dieses alte Haus renoviert worden. Es war ein unglaubliches Stückwerk. Aber was schadete es, daß in manchen Wänden Fäulnis saß? Bei klarem Wetter konnte man, weit entfernt, am Rande des Blickfelds, das Meer sehen. Das war wichtig. Schon am ersten Tag lud uns das Bauernpaar, dem das angrenzende Land gehörte, zu sich ein und hieß uns willkommen. Nun wohnt die Frau allein im Haus, der Bauer ist im vergangenen Jahr gestorben. Seit jener ersten Begegnung waren wir Freunde. Und doch habe ich mich nie so unwillkommen fremd gefühlt wie in dieser schonischen Landschaft. Der Mythos von Schonen besagt: Hier wird man erst in der dritten Generation akzeptiert.

Auch das Gefühl, in einem Grenzland zu leben, stellte sich schon in den ersten Tagen ein und ist seitdem gegenwärtig. Zum Beispiel habe ich in keiner anderen Gegend in Schweden – und auch sonst nirgendwo – so viele Wege und Straßen gesehen. Schonen besteht aus einem völlig unübersichtlichen, unglaublich dichten Straßennetz. Überall, wohin man auch gerät, gibt es mehrere Möglichkeiten, ans Ziel zu kommen. Ich stelle mir vor, daß ein Grenzland so beschaffen sein muß. Die Menschen kommen aus verschiedenen Richtungen, einige von ihnen heimlich oder illegal, andere ohne Karten, und viele wissen auch gar nicht so genau, wohin sie wollen. Überall schlängeln sich Straßen und Pfade. Ein Wirrwarr, ein Garnknäuel aus Wegen ist über das Land gespannt worden. Aber man kommt stets irgendwie voran. Schonen ist ein Grenzland und ein Land des Verkehrs.

Ein Grenzland heißt auch: ein Land der Flüchtlinge.

Vor ungefähr zehn Jahren, kurz vor Weihnachten war eine Gruppe von Flüchtlingen ohne Papiere mit der Fähre aus Polen gekommen. Sie wurden in einer Jugendherberge östlich von Ystad untergebracht. Und dann wurden sie vergessen, weil eben Weihnachten war. Erst am zweiten Weihnachtsfeiertag erinnerte sich jemand an ihr Vorhandensein und fuhr hin. Sie hatten ein offenes Feuer angezündet und tranken Tee. Diese Szene trifft ein Merkmal dieser Gegend. In Schonen beginnt und endet Schweden. Für viele Menschen bedeutet die Küste Schonens, daß sie wieder auf festem Grund stehen, daß man auf befreitem Boden angekommen ist. Hier kommt keiner in der Nacht geschlichen, um die Tür einzuschlagen, man wird hier nicht wegen politischer Überzeugungen oder um seiner Hautfarbe willen gejagt. So gesehen, muß das Erreichen der Küste Schonens gewirkt haben, als sei man in das Innere der Kathedrale der Freiheit getreten. Wären wir dieser Hoffnung nur gerecht geworden …

Doch wenn das Grenzland auch ein Flüchtlingsland ist, dann heißt es auch, daß es hier allerhand unheimliche Ideen und Weltanschauungen gibt. Die Gemeinde Sjöbo ist ihrer Ausländerfeindlichkeit wegen bekannt. Hier hat man sich öffentlich geweigert, auf nahezu arrogante Weise, Flüchtlinge aufzunehmen. Und nur zu gut kenne ich den politischen Aberglauben, der unter der Oberfläche lauert: rassistisch, selbstverliebt, extrem nationalistisch. Es ist daher nicht verwunderlich, daß das erste Buch, in dem Kurt Wallander auftritt – *Mörder ohne Gesicht* –, von der zunehmenden Ausländerfeindlichkeit in Schonen handelt. Das war vor zehn Jahren. Was ist seitdem geschehen? Wenn ich das Buch heute noch einmal schreiben sollte – wäre dieses Thema dann noch genauso wichtig, oder hätte ich es gar nicht berühren müssen? Die Antwort liegt auf der Hand.

Die rechtsextremen Kräfte sind heute stärker, als sie es nach dem Zweiten Weltkrieg je gewesen sind.

Ich behaupte nicht, daß es um Schonen schlimmer bestellt ist als um irgendeine andere Gegend in Schweden oder in ganz Europa. So etwas zu sagen wäre nur dumm. So ist es nicht. Unmittelbar neben der rechtsextremen Pest ist ihr Gegenteil zu finden. Überall in Schonen treffe ich Menschen, die Flüchtlingen ihre Türen öffnen. Vielleicht ist es nur so, daß eines der Kennzeichen eines Grenzlandes darin besteht, daß darin alle Tendenzen, alle Verschiebungen im Bewußtsein der Gesellschaft so viel deutlicher zu erkennen sind. Ich ahne, daß hier eine der Erklärungen zu suchen ist.

Es ist Frühling, ja fast schon Frühsommer, als ich diesen Text schreibe. Der Raps ist gelb, die Felder wiegen sich im Wind. Wenn ich mit dem Auto zu meinem Haus in Trunnerup fahre, komme ich an stark riechenden Feldern vorbei. Sie sind frisch gedüngt. Für einen Reisenden, der vom Kontinent kommt, muß der erste Eindruck von Schweden sein, daß hier eine grenzenlose Kornkammer liegt. Was ja auch zutrifft. Die Landwirtschaft Schonens könnte ganz Skandinavien mit Getreide versorgen.

Dieses Grenzland ist ein schönes Land. Sogar im Herbst, wenn die Regenwolken Schlange stehen, um einen Platz am Himmel zu ergattern, wenn der Lehmboden sich anzuschicken scheint, über die Schwelle in die weißgetünchten Häuser zu kriechen, ja, sogar dann gibt es eine Art von Schönheit hier. Wer Schonen nicht mag – und davon gibt es bekanntermaßen viele –, pflegt abfällig von »all diesem verfluchten Lehm« zu reden, der unter den Schuhen kleben bleibt, vom ewigen Wind, vom Regen. Und dann gibt es auch noch die Stürme im Winter, bei denen der Schnee sich meterhoch auf den Straßen türmt. Wer will schon in einer solchen Landschaft leben?

Ja, wer will dort leben? Die Schonen selbstverständlich. Und auch eine große Zahl von Zugezogenen, vor allem im äußersten Südosten, in einer Landschaft namens Österlen. Ich erinnere mich, daß ich vor einigen Jahren zu einer Konferenz in einem der großen Theater von Stockholm eingeladen war. Plötzlich erhielt ich die Nachricht, daß wir uns alle in Schonen treffen könnten, denn es wären ja sowieso alle dort. Ja, es haben sich viele Künstler in Schonen niedergelassen. In dieser Hinsicht gleicht dieses Grenzland einem anderen Grenzland, nämlich Gotland und der Halbinsel Fårö.

Seit alten Zeiten heißt es, daß es mit dem Licht in Österlen etwas Besonderes auf sich habe. Vielleicht ist das wahr. Ich bin kein Maler. Wo immer ich mich auf der Welt befinde, meine ich ein schönes Licht zu sehen. Ich glaube, daß diese Vorstellung vor allem daher rührt, daß Schweden ein langes und schmales Land ist und darüber hinaus in einer kälteren Region der Erde liegt. Und nach Schonen kommt der Frühling nun einmal etwas eher als nach Mittelschweden. Aus dem gleichen Grund erreicht uns hier der Herbst ein paar Wochen später. Und die Winter können bitter sein, aber sie sind nicht so zäh und lang wie weiter nördlich.

Doch vor allem ist Schonen ein offenes Grenzland. Ein Ort der Begegnung für Menschen, die sich nicht miteinander verabredet haben.

Hier fühle ich mich zu Hause. Auf die gleiche Weise, wie ich mich in diesem Buch zu Hause fühle.

Henning Mankell
im Mai 2002

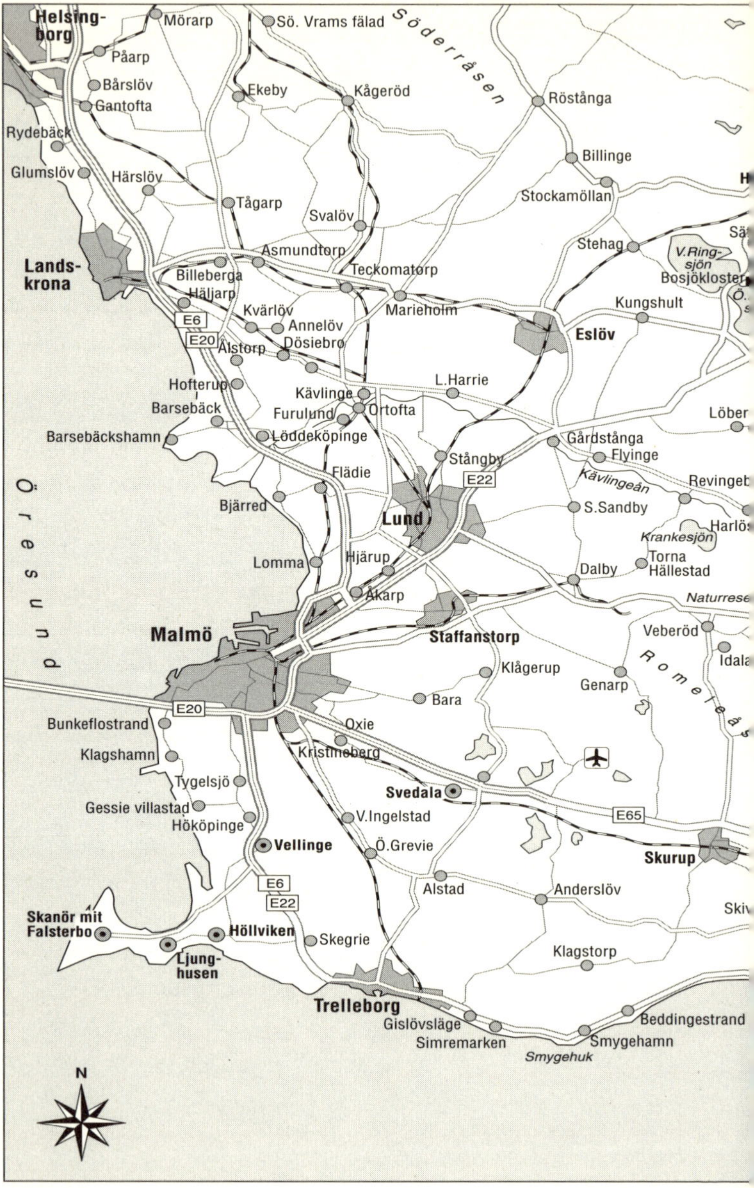

Helsingborg
Mörarp
Sö. Vrams fälad
Söderåsen
Påarp
Bårslöv
Gantofta
Ekeby
Kågeröd
Röstånga
Rydebäck
Billinge
Glumslöv
Härslöv
Stockamöllan
Tågarp
Svalöv
Landskrona
Asmundtorp
Teckomatorp
Stehag
V.Ringsjön
Bosjökloster
Billeberga
Häljarp
Kvärlöv
Annelöv
Marieholm
Kungshult
Eslöv
E6
E20
Ålstorp
Dösiebro
L.Harrie
Hofterup
Barsebäck
Kävlinge
Furulund
Ortofta
Löberöd
Barsebäckshamn
Löddeköpinge
Gårdstånga
Flyinge
Stångby
Kävlingeån
Flädie
E22
Revingeby
Öresund
Bjärred
Lund
S.Sandby
Harlösa
Krankesjön
Lomma
Hjärup
Torna Hällestad
Dalby
Åkarp
Naturreservat
Malmö
Staffanstorp
Veberöd
Idala
Klågerup
Genarp
Romeleåsen
Bara
E20
Bunkeflostrand
Oxie
Klagshamn
Kristineberg
Tygelsjö
Svedala
Gessie villastad
V.Ingelstad
E65
Hököpinge
Vellinge
Ö.Grevie
Skurup
E6
E22
Alstad
Anderslöv
Skanör mit Falsterbo
Höllviken
Skegrie
Ljunghusen
Klagstorp
Trelleborg
Gislövsläge
Simremarken
Beddingestrand
Smygehamn
Smygehuk
N

Sösdala
Nävlingeåsen
Önnestad
Färlöv
Vinnö
Balsby
Bäcka-
skog
Kristianstad
Fjälkinge
Viby
Tjörnarp
Ovesholm
N.Åsum
Hammar-
sjön
Rinkaby
Linderöd
E22
Tollarp
Gärds
Köpinge
Åhus
Helge å
Ludvigsborg
Ö. Sönnarslöv
Everöd
Linderödsåsen
Yngsjö
Hörby
Vittskövle
Huaröd
Degeberga
Hanöbukten
Brösarp
Vollsjö
Kivik
Vitaby
Lövestad
Sjöbo
S:t Olof
Vik
Skåne-Tranås
Äsperöd
Sövde
Onslunda
Baskemölla
Fyledalen
Smedstorp
Ö.Vemmerlöv
Simris-
hamn
Tomelilla
Simris
Lunnarp
Ö.Tommarp
Brantevik
ÖSTERLEN
Glimmingehus
Hammenhög
Sövestad
St.Herrestad
Skillinge
Glemmingebro
Borrby
Köpingebro
Löderup
Svarte
Ystad
Kåseberga
OSTSEE
0
10
20
30 km

# *Die Straße senkt sich in das Meer*

Die Straße senkt sich in das Meer. Über vier, fünf Kilometer verläuft ihr helles, zweispuriges Band durch den Schlick auf dem Grund des Öresund, der Meerenge zwischen Kopenhagen und Malmö. Kaum etwas, fast nichts hat der Reisende von der dänischen Hauptstadt gesehen, als er auf der Autobahn die weiten Salzwiesen durchquert hat, von eiligen Chauffeuren, die alle Geschwindigkeitsbeschränkungen dieses bei jeder anderen Gelegenheit so vorsichtigen und rücksichtsvollen Landes mißachten, immer wieder gezwungen, die Fahrbahn zu wechseln. Im Norden schien sich für eine kurze Zeit, auf der anderen Seite eines weitgestreckten Brackwassers, die Silhouette einer großen Stadt abzuzeichnen, mit hohen Schornsteinen und einem Kirchturm, der wie eine spindelförmige Schnecke oder ein auf den Kopf gestelltes Blätterteighörnchen aussieht. Aber dieser Schattenriß, dieser dunkel ausgefranste Rand des Horizonts zog in einem Augenblick vorbei. Danach passierte man einen langen Tunnel und den Flughafen Kastrup, mit den regelmäßig nach Växjö, New York und Maputo fliegenden Maschinen. Und nun ist nichts mehr zu sehen, nichts außer einer aufgeräumten Industrielandschaft, ein paar langgestreckten Bürogebäuden und einigen großen feuchten Wiesen. Schließlich geht es in den Schlick hinunter, in den Tunnel hinein, immer tiefer, und wieder hinauf, auf die Brücke, so weit nach oben, daß es für einige Augenblicke ganz unsicher zu sein scheint, ob dieser Bogen auf der anderen Seite je wieder festen Boden berühren wird.

Bis zum Sommer des Jahres 2000 endete jede Fahrt an einem sandigen Strand oder an einer Kaimauer, und es begann eine Seefahrt. Aber lag hier eine Grenze? Immer schneller war die Reise während der vergangenen halben Stunde gegangen, ihrem flüchtigen Ziel entgegen, dem Fährschiff, das noch im Hafen von Dragör lag und vielleicht bald schon nicht mehr, worauf der Reisende eine Stunde oder gar zwei Stunden in seinem Automobil ausharren mußte, bis dann der nächste Dampfer mit offenem Bug anlegte. Aber einen Paß wollte hier niemand sehen, und der flache Container in der Mitte der großen Parkfläche diente kaum den Grenzpolizisten als Büro, sondern wurde als Schalterraum benutzt, zum Kauf von Billetts oder zum Stempeln von Speditionspapieren. Das Gefühl, hier am Ende nicht nur einer Nation und am Anfang einer anderen, sondern auch an der Scheidelinie eines ganzen Kontinents angekommen zu sein, wollte sich nicht einstellen, so freundlich wurde man hier empfangen, und, wenn es naß, windig und kalt war, auch so mitfühlend, weil man bei diesem Wetter weiterfahren mußte.

Allenfalls die Namen der beiden Fährschiffe, die hier bis zur Mitte der neunziger Jahre verkehrten, mochten daran erinnern, daß dieses friedliche Hin und Her nicht immer so selbstverständlich gewesen war: *Hamlet* und *Ofelia* hießen diese beiden, in den sechziger Jahren gebauten Schiffe, und wie man weiß, starben die beiden Gestalten, nach denen die Fähren getauft worden waren, je eines gewaltsamen Todes, er durch den Stoß eines vergifteten Degens, sie durch

Wahnsinn und Ertrinken. Der dritte, fast baugleiche Dampfer aus dieser kleinen Flotte, eine Fähre mit dem hoffnungsfrohen, weil Ankunft verheißenden Namen *Scania*, schien hauptsächlich im schwedischen Hafen Limhamn zu liegen und auf eine besondere Gelegenheit zum Einsatz zu warten, die sich allerdings wohl nur selten und wenn, dann im Sommer ergab. Als die drei alternden Schiffe nach Estland und Kalabrien verschwanden, mitsamt ihren kleinen Restaurants, in denen es nach Pommes frites und verschüttetem Bier roch, mitsamt auch den Buden, in denen uniformierte Angestellte der Reederei Zigaretten, Stangen mit Schweizer Schokolade und bittere Halspastillen verkauften, mitsamt auch ihren überaus seemännisch wirkenden und mit ihren Schiffen gealterten Stewards, Geldwechslern und Verkäuferinnen, wurden sie allerdings nicht sofort durch die Brücke ersetzt. Im Jahr 1996 und nur für kurze Zeit schwamm ein eigens aus Australien herbeigeschaffter, für diese kleine Meerenge viel zu groß wirkender, wild schäumender Katamaran namens *Felix* an ihrer Stelle mit höchster Geschwindigkeit durch den Sund. So groß war dieses Schiff, daß es für die Rationen an dänischem Bier, die von den Passagieren zollfrei nach Schweden eingeführt werden durften, eigens einen kleinen Traktor mit Anhänger gab. Und so sehr schien dieses Schnellboot an den falschen Ort geraten zu sein, daß es trotz seines mächtigen, stromlinienförmigen Auftretens immer wieder am Bug verbeult war und jedesmal unglücklich wirkte. Denn auf oder unmittelbar neben der großen Klappe war das Metall häufig so eingedrückt, daß man meinte, die Fähre habe ihr Maul leidend verzogen.

Vor dem ersten großen Pfeiler, kurz bevor die Brücke an ihrem höchsten Punkt ankommt, steht ein Schild am rechten Fahrbahnrand: ein weißes »S« auf blauem Grund, umkränzt von den Sternen der Europäischen Union. Es zeigt die Scheidelinie zwischen dem europäischen Kontinent und der skandinavischen Halbinsel an, ein Ziel ist offenbar erreicht. Aber dann steigt der Bogen noch weiter nach oben, und dieses Schild scheint seine Bedeutung zu verlieren. In die Luft ist dieses Hoheitszeichen gesetzt, es wirkt nicht wie das Signal einer Demarkation, sondern eher wie eine Geste des Übermuts und des Stolzes darüber, an dieser Stelle einen Landweg über den Öresund geschaffen zu haben, fast zehntausend Jahre nachdem das steigende Wasser der Ostsee die letzte feste Verbindung zwischen der Insel Seeland und dem ehemals dazugehörigen Schonen überschwemmt hatte. Aber um einen herum ist nur dünne Luft, man schwebt im Dunst siebenundfünfzig Meter über den Wellen, wird von Möwen begleitet, kann das andere Ufer nicht erkennen, und der gewaltige doppelte Würfel des Kernkraftwerks »Barsebäck« im Norden scheint in einem Gelände, das weder Wasser noch Land noch Luft ist, zu hängen wie ein wunderlich eckiger, von schwarzen Streifen durchquerter weißer Ballon. Von solcher Leere geht ein gewaltiger Sog aus, ohne daß man wüßte, wohin es einen zieht. Aber dieses Gefühl des Schwebens ist die eigentliche Grenze zwischen dem einen und dem anderen Leben, zwischen dem großen Land, das die Schweden den »Kontinent« nennen und das hier, auf der Brücke, beginnt, und ihrer auf drei Seiten von Wasser umgebenen Heimat, zwischen den milderen, freundlicheren Verhältnissen des Südens und den strengeren, härteren des Nordens. Unter der Brücke pflügen Containerschiffe durch das graue Wasser mit seinen kurzen, harten Wellen.

Der König von Dänemark baute in Helsingör, am nördlichen Ausgang des Öresund, eine Burg, von der er die Meerenge bewachen ließ. William Shakespeare siedelte den Prinzen Hamlet darin an. Auf der anderen Seite des Sundes steht die Gegenburg, mit »Kärnan«, dem als Landmarke erhaltenen Burgfried, in der Mitte. In Skanör, auf der Halbinsel, die im Süden wie ein Haken in die Einfahrt zum Öresund hineinreicht, trafen sich im Mittelalter die Kaufleute aus allen Landschaften der Ost- und Nordsee, und auf diesem Markt wurden Fisch und Holz, Getreide, Werkzeuge und Stoffe, Salz und Gewürze umgeschlagen. In Lund richteten die Benediktiner, in Dalby die Augustiner, in Tommarp die Prämonstratenser je ein Kloster ein, und sie alle verschwanden, als die Reformation in den Jahren um 1530 Dänemark und Südschweden erreicht hatte, nur der rote Backsteinbau des ehemaligen Graubrüder- oder Franziskanerklosters in Ystad blieb stehen. Weit mehr als ein halbes Jahrtausend, vom Ende der Wikingerzeit und den ersten schriftlichen Aufzeichnungen in Skandinavien bis zum Frieden von Roskilde im Februar 1658, gehörte Schonen zu Dänemark. Zwanzig Jahre später erklärte der schwedische König Karl XI. den Öresund zu einem tiefen Grenzwasser und verlangte, ein jeder, der die Seiten wechseln wolle, habe einen Paß bei sich zu tragen. Schonen wurde durch die damals einsetzende schwedische Nationalpolitik zu einer abgelegenen Gegend, mit beschwerlichen Verbindungen zur ehemaligen Hauptstadt Kopenhagen und unendlich weit von der neuen Kapitale Stockholm entfernt. Sprache und Sitten aber blieben noch lange von Dänemark geprägt.

Als der schwedische Rundfunk im Jahr 1929 den Sender »Hörby« errichtete, lachte man in Stockholm, nun endlich habe man Schonen zum zweiten Mal erobert. Noch heute, wenn »Sveriges Radio« seine Wetterberichte sendet, ist von »Södra Götaland« die Rede, vom »südlichen Götaland«. Aber der Name ist ebenfalls ein Zeichen von Nationalpolitik und ruht weder historisch noch geologisch auf festem Grund. Und wenn die alten Familien in Schonen ihre Genealogie verfolgen, dann verwandeln sie sich innerhalb von zehn oder elf Generationen in Dänen zurück. Und auch wer seine Ahnen nicht kennt, der hängt auf dem südlichen Ende der skandinavischen Halbinsel gerne eine eigene Fahne vor die Haustür, ein gelbes Kreuz auf rotem Grund, als Zeichen einer Eigenart, eines im Grunde bäuerlichen Stolzes und Eigensinns, die durch den modernen Staat nicht abgeschliffen, ja geradezu herausgefordert wurden.

Immer fuhren Boote, Schiffe, Fähren, Katamarane, Tragflächenboote über die Meerenge zwischen Dragör und Helsingör auf der einen, Falsterbo und Helsingborg auf der anderen Seite. Vom Juli 1838 bis zum April 2002, hundertvierundsechzig Jahre lang, gab es eine regelmäßige Fährverbindung zwischen Kopenhagen und Malmö. Im Jahr 1900 wurde »Öresundsbolaget« gegründet, eine Fährgesellschaft mit zunächst neun Dampfschiffen, die nach einem festen Fahrplan fuhren. Vom Sommer 1940 bis zum August 1943 brachten schwedische Züge deutsche Soldaten nach Norwegen, meist über Trelleborg, manchmal auch über Helsingborg, ein- oder zweimal in der Woche. Im Winter 1943 flohen dänische Juden über das Eis. Zuletzt, bevor die Straße über den Sund gebaut wurde, ging allein von den beiden großen Städten alle halbe Stunde ein Katamaran oder Tragflächenboot in jede Richtung. Die Brücke über den Öresund zwischen Dragör und Limhamn, im Sommer 2000 eröffnet, soll nun die beiden Länder, den Kontinent und die Halbinsel, noch fester miteinander verknüpfen. Seitdem ist die Eisenbahn, die über diese Brücke fährt, oft gut besetzt, morgens, wenn die Züge nach Kopenhagen gehen, und abends, wenn sie zurückkehren. So sehr, daß der Bier-, Wein- und Spirituosenhändler am Kai von Kopenhagen im April 2002 sein Geschäft schließen mußte. Die letzten Flaschen Aalborg Jubiläumsaquavit, Gammeldansk und Long John gingen zu reduzierten Preisen über den Ladentisch, und Willy Thinggaard nahm die letzte Fähre zurück nach Malmö.

Doch die große Straße ist leer, außer im Sommer, wenn die Touristen, und das heißt vor allem die deutschen, kommen. Denn im Osten, gegenüber der großen und reichen Stadt Kopenhagen, liegt nur Malmö – ein Hafen, eine Werft, ein von hundert Jahren Industrie geprägtes Gemeinwesen, das banale Gegenstück zur Hauptstadt des dänischen Reiches, einer gewesenen Großmacht und Herrscherin über Gotland, Schleswig und Grönland. In Kopenhagen, eineinhalb Stunden von Ystad entfernt, geht Kurt Wallander in die Oper, nicht in Malmö. Die schwedische Hauptstadt Stockholm aber liegt noch siebenhundert Kilometer weiter nördlich, nach einer langen Fahrt zu erreichen, die durch endlose Wälder und vorbei an zahllosen Seen führt. Und wenn es denn schon so sein soll, daß der Osten nicht mit Aussichtslosigkeit gleichzusetzen ist, so scheint die salzige Gischt dort im besten Falle gegen besinnliche Küsten zu schlagen.

Und dann senkt sich die Straße, einer langen, leicht geschwungenen Rampe gleich, doch wieder auf das feste Land zu. Links erheben sich die grauen Türme des Zementwerks von Limhamn, neben einer gewaltigen, fast eineinhalb Kilometer langen Kalkgrube. In einigem Abstand dahinter ist dann Malmö zu sehen. Die Stadt liegt flach da, und seit einiger Zeit noch flacher, als man sie in Erinnerung hatte. Denn über fast drei Jahrzehnte wurde die Stadt überragt vom hellgrauen Kran einer Werft namens »Kockums«, einem mächtigen Gerüst, das auf seinen vier hohen, gespreizten Beinen über einem Trockendock vor der Innenstadt stand wie ein riesiges Insekt. Hundertvierzig Meter hoch und siebentausend Tonnen schwer, gehörte der Kran, als er 1974 errichtet wurde, zu einer der größten Schiffsbauanlagen der Welt, einer Werft, die zu Beginn des zwanzigsten Jahrhunderts durch den Bau von dieselgetriebenen Fracht-, Passagier- und Kriegsschiffen bedeutend geworden war. Doch im selben Jahr begann die erste große Ölkrise, und danach war das gewaltige Bauwerk kaum noch zu gebrauchen. Nicht ein Schiff wurde hier zusammengeschweißt, das die Größe dieses Bockkranes gerechtfertigt hätte, und mit den Kleinen beschäftigte man sich auch nur in den ersten Jahren. Dann lag die Anlage brach, und der Querbalken hielt vergeblich die in riesigen Lettern in den Stahl geprägte Aufschrift »Kockums« in die tief herabhängenden, blaugrauen Wolken.

In den ersten Wochen des Jahres 2002 ist der Kran nach langen Mühen verkauft worden. Die lokalen Zeitungen bildeten einen lachenden Koreaner namens C Y Choi ab, der die ganze Anlage gekauft hatte, nun mit im Winde flatterndem Anzug auf dem Querträger stand und sich darüber freute, daß der gewaltige Bogen in acht Teile zerschnitten und mit einem Pram über drei Ozeane nach Südkorea geschleppt werde. Dort nach Monaten angekommen, berichteten die Zeitungen weiter, werde der Kran nicht mehr so allein in den ostasiatischen Himmel ragen, wie er den über dem Öresund beherrschte. Denn in der Hafenstadt Ulsan, die auf der ganzen Welt bekannt für ihre erfolgreichen Werften sei, stünden schon neun andere Kräne. Die Zeitungen hatten daraufhin Bürger der Stadt Malmö gefragt, ob ihnen dieses Erkennungszeichen nun fehlen werde. Aber keiner schien es vermissen zu wollen. Gerne sah man den Kran schrumpfen und davonreisen, obwohl doch manch einem der Zusammenhang zwischen der fehlenden Werft, dem lachenden Koreaner und dem Traum der Kommunalpolitiker, aus Malmö, einem Hauptort der Arbeitslosigkeit in Schweden, nun eine Stadt der Dienstleistungen zu machen, hätte auffallen können.

## *Und der Norden heißt Verzicht*

Einer der berühmtesten Sätze über den Norden stammt von einem englischen Lyriker: »And North means to all: Reject«, schrieb Wystan Hugh Auden im Jahr 1936, und als Landschaft des Verzichts, der Zurückweisung ist der Norden eine der Lieblingsvorstellungen der vielgereisten Mitteleuropäer. Sie träumen von einer Welt ohne Menschen, mit unendlichen Wäldern, unberührten Seen und reiner Luft. Dieses Bild ist der Gegenentwurf zu den mediterranen Idealen der Lebensfreude, der Gemeinschaft freier Menschen, und zum Glauben daran, der Wille zum Ich sei schon die Gewähr dafür, das verlorene Paradies wiederzufinden. Ein jeder will nun auf dem ungeheizten Deck seines Lebensschiffchens stehen, allein, auf sich gestellt, den Blick in die kalte Urheimat gerichtet. Es ist daher auch der Trotz, der die Liebe zum Norden beflügelt, und der Trotz hat mit dem Haß gemein, daß er immer neue Nahrung braucht. Sonst erlischt er.

Die Touristen aus südlicheren Ländern fahren selten über die Brücke, wenn sie den Norden erreichen wollen. Wenn sie es doch tun, dann biegen sie auf die Ringstraße ein, die um Malmö herumführt, und reisen weiter in Richtung Småland. Meist aber bewegen sie sich erst gar nicht nach Osten, über die Brücke, sondern überqueren den Öresund vierzig Kilometer weiter nördlich, an seiner engsten

Stelle, zwischen Helsingör und Helsingborg, wo die Fähren ohne Unterlaß von der einen Seite auf die andere wechseln und der Familienvater seinen Kindern versichert, dort, auf der Burg vor Helsingör, habe Hamlet, der berühmte dänische Prinz, tatsächlich gelebt. Hinter Åstorp überqueren sie dann eine große Moräne, eine deutlich von Nordwesten nach Südosten verlaufende Bruchlinie, die das offene Bauernland Schonens von jenem dunklen Wald trennt. Dahinter verschwinden sie, weitab von der Schnellstraße, durch die schwarzen Pfützen auf irgendeiner Schotterstraße schwankend. Der trabende Elch aus schwarzer Kunststoffolie, den sie auf das Heck ihrer rollenden, schlingernden blaue Fahnen von unzulänglich verbranntem Diesel hinter sich herziehenden Wohnkisten geklebt haben, muß sie vor sich her getrieben haben: in den Fichtenwald, in die Wildnis mit der freundlichen Lichtung, auf der ein rotes Holzhaus mit weißen Eckpfählen steht, in die romantische Heimat der europäischen Seele, an den See mit dem Boot und der Angel, zu den Pilzen und zu den Waldbeeren, zu den Brutstätten der Fliegen und der Mücken, die den Spaziergänger im Sommer zu Hunderten, ja zu Tausenden summend, sirrend und leider auch stechend umkreisen, zu den Quellen der Einsamkeit und der trunksüchtigen Verzweiflung.

Gegangen worden, in der Wirklichkeit wie in der Phantasie, ist diese Strecke unendlich oft, und weiter, bis in die Tundra und an den Rand des Eises. Bis zum Ende des neunzehnten Jahrhunderts aber verlief eine solche Reise nach Norden meist in Etappen der zunehmenden Kälte, der wachsenden Qual, des gesteigerten Widerspruchs zwischen dem Menschen und dem Wetter, der vermehrten Bedrohung durch eine Natur, der gegenüber sich der Mensch als beinahe rettungslos unterlegen erweist. So auf das Eindrücklichste beschrieben hat diesen Weg der dänische Schriftsteller Hans Christian Andersen, ein Bürger Kopenhagens, in seinem Märchen von der *Schneekönigin*. Diese Geschichte hat nur eine Richtung, die nach Norden, aber das Märchen verfolgt sie gleichsam auf zwei Wegen. Der eine Weg schlängelt sich langsam durch die Landschaft, er verläßt die Stadt Kopenhagen, wo die Fleißigen und Friedfertigen ihren Geschäften nachgehen, durchquert den Garten, den Wald und die Steppe, bis er schließlich im ewigen Winter ankommt. Und dieser Winter ist hier noch nicht das Reservat der Einsamkeit und Zeitlosigkeit gegen die von allen Seiten hereindrängende Welt, so wie es dann im zwanzigsten Jahrhundert beliebt wird, sondern Schmerz und Verdammnis. Der andere Weg aber führt schnurstracks vom Guten zum Bösen, von Liebe und Rücksichtnahme zu Habgier, Neid und Mißgunst.

Kay heißt der Knabe, der mit seinen Eltern in einer Kopenhagener Dachkammer lebt, vor dessen Fenster ein hölzerner Kasten mit Küchenkräutern und einem kleinen Rosenstrauch steht, ein kleines Paradies vor dem Sündenfall. Gerda heißt das Mädchen in der Dachkammer des Hauses gegenüber, mit einem ebensolchen Fenster, mit einem ebensolchen Kräuter- und Blumenkasten. Die beiden fassen heftige Zuneigung zueinander, und ihnen zuliebe werden die beiden Blumenkästen quer gestellt, von Fenster zu Fenster, über die Dachrinnen hinweg, so daß oben über der Stadt eine kleine Fläche mit einem winzigen Garten entsteht – ein Stück Süden im Norden, wo sich die Kinder im Sommer im Schatten der Dachrosen ergehen können.

Aber dann wird es Winter und so kalt, daß die Fenster zugefroren sind. Nichts sieht man mehr, wenn man aus dem Warmen, Heimeligen der Wohnung versucht hinauszuschauen, keine Wolken, keine Passanten, keine Stadt, nur die Eisblumen auf dem Glas. Da kommen die beiden auf eine Idee, die ihnen ein früher Prophet der Finanzwirtschaft, wenn nicht gar der stets zahlungsfähige Teufel selbst, eingeflüstert haben muß: Mit Geld, so die Theorie, lasse sich die Grenze zwischen der warmen Wohnung und der kalten Stadt, zwischen der Einsamkeit und der Gemeinschaft, zwischen Privatem und Öffentlichem aufheben. Und die beiden Kinder wärmen Kupfermünzen auf dem Herd auf und halten sie an das Eis der Fensterscheibe, so daß kleine, runde Löcher entstehen, durch die sie hinausgucken und einander ansehen können. Doch im Geld muß Tücke, muß Arglist verborgen gewesen sein. Denn als Kay einmal durch das Geldloch hinausschaut, sieht er nicht das freundliche Auge seiner Gefährtin, sondern eine große Schneeflocke, die sich unter seinem Blick in ein Frauenzimmer aus blendendem, glitzerndem Eis verwandelt. Im folgenden Sommer fährt ihm ein Splitter aus dem Norden ins Auge und macht ihn zu einem bösen Menschen. Und im Winter folgt er dann der Schneekönigin, einer *femme fatale* aus dem Norden, nach Lappland, in ihren eisigen Palast, ein Knabe, der plötzlich erwachsen und also böse geworden ist.

Kopenhagen war in jenen Jahren, welche die Dänen ihr »Goldenes Zeitalter« nennen, eine Stadt mit einhundertzwanzigtausend Einwohnern. »Groß genug, um eine größere Stadt zu sein, klein genug, daß es keinen Marktpreis für Menschen gibt«, meinte der dänische Philosoph Søren Kierkegaard im Jahr 1846, »so ist diese Hauptstadt gerade für denjenigen so unterhaltend, der sich an den Menschen zu freuen weiß, was besser vorhält und reicheren Ertrag abwirft, als wenn man tausend Menschen dazu bringt, eine halbe Stunde lang über einen selber zu jubeln.« Nicht einmal eine Vorstadt hatte Kopenhagen in jenen Jahren, denn die Furcht vor dem Feind und der Zoll des Königs hatten Gräben und Wälle entstehen lassen, jenseits derer nur wenige sich anzusiedeln wagten. Allabendlich wurden die Schlüssel für die Tore dieser geheimen Metropole des neunzehnten Jahrhunderts im Schloß Amalienborg hinterlegt. Aber was lag jenseits des Öresund: ein wenig Bauernland, dann eine unendliche Einöde. Malmö war ein Städtchen von kaum zwanzigtausend Einwohnern. In der Stadt Lund, vom dort zu Beginn des neunzehnten Jahrhunderts lehrenden Altphilologen und Theologen Esaias Tegnér gern ein »akademisches Bauerndorf« genannt, wohnte nicht die Hälfte. Dort war Hans Christian Andersen, der dünne, krumme Dichter mit der langen Nase, mehrmals gewesen, und von dort war die Sopranistin Jenny Lind ins »Hotel du Nord« am Kongens Nytorv gekommen, die »schwedische Nachtigall« mit der reinen Haut, dem breiten Gesicht und der, wie sie selbst meinte, »Kartoffelnase«. Noch war sie außerhalb der nordischen Länder unbekannt, doch bald schon auf den großen Bühnen Europas zu Hause. Hans Christian Andersen hatte um sie geworben, so wie er noch nie um einen Mann oder eine Frau geworben hatte. Aber er war abgewiesen worden, und in den Kopenhagener Salons hatte man über ihn gelacht, denn in der Rolle des Ersten Feurigen Liebhabers war Hans Christian Andersen offensichtlich eine Fehlbesetzung. Und so hatte auch er eine Schneekönigin kennengelernt. Im »Hotel du Nord«, im selben Haus, in dem er 1840 Jenny Lind getroffen hatte, schrieb er vier Jahre später dieses Märchen, an seinem Dasein als zurückgewiesener Liebhaber leidend, dieses Leid aber auch genießend.

Gerda, noch immer und für immer nur ein gutes Kind, vermißt den kleinen Kay. Sie steigt in ihre roten Schuhe, verläßt die warme Dachkammer in Kopenhagen, überquert den Öresund und reist durch Schweden, immer weiter hinauf, nach Norden. Sie läßt die Dörfer Smålands hinter sich, die Astrid Lindgren hundert Jahre später und zum Vergnügen der halben Menschheit als Orte schildert, in denen fröhliche und redliche Menschen leben und die Bullerby oder Lönneberga heißen, wo Olle, Inga, Lasse, Britta und Michel mit der Suppenschüssel zu Hause sind. Schon bei Hans Christian Andersen bevölkern diese freundlichen Wilden den schwedischen Wald, in Gestalt etwa einer hilfsbereiten Räubertochter, die immer mit dem Messer schläft, und Räuber hat es in diesen Gegenden tatsächlich gegeben. »Friskyttar« und »snapphanar« heißen sie auf schwedisch, Freischützen und Marodeure. Es waren viele Tausende, verelendete Bauern, entflohene Knechte, Abenteurer, die noch im frühen achtzehnten Jahrhundert und manchmal im losen Verband mit dänischen Truppen im Schutz der Bäume durch die Landschaft streiften.

Die hübschen Bilder aus den schwedischen Wäldern, wie sie zuletzt Astrid Lindgren als kleine Anarchie der guten Seelen entworfen hat, wo Natur und dörfliche Gemeinschaft den frei umherschweifenden Kindern ihren Lauf lassen und sie doch zur Vernunft führen, haben sich tief in die Vorstellungen gegraben, die sich Mitteleuropäer vom Norden machen. Eine wahrere Geschichte dieser Landschaft nördlich der Moräne von Halland hat hingegen Vilhelm Moberg in seinen Romanen über die *Auswanderer* und die *Einwanderer* geschrieben, und diese Geschichte handelt von großer Armut und drängender Not. Sie führt aus den schwedischen Wäldern hinaus und nach Minnesota hinein und ist als Film, in Gestalt seiner Hauptdarsteller Liv Ullmann und Max von Sydow, weltberühmt geworden. Noch die Gegend um Osby, im »Östra

Göinge« genannten nördlichsten Amtsbezirk von Schonen, verlor zwischen 1850 und 1925 fast jeden zweiten Bewohner. Die Leute packten ihre Sachen, verließen ihre Häuser und versuchten, zumindest in Dänemark, eher aber noch auf dem Zwischendeck irgendeines Seglers oder Dampfschiffes unterzukommen, das den Atlantik zu überqueren sich anschickte. Die meisten dieser Schweden siedelten sich dann im Mittleren Westen der Vereinigten Staaten an, in Dakota, Wisconsin oder eben in Minnesota. »Dies ist das Land der Verbannten«, schrieb der Dichter August Strindberg um die Jahrhundertwende über Schweden, »im Kampf um den Sonnenschein, um die fruchtbaren Flußtäler wurden die Unterlegenen nach Norden getrieben, um schwarzes Brot zu essen und Fusel zu trinken«.

Gefahrvoll ist die Reise für Kay und Gerda, und je weiter sie kommen, desto bedrohlicher wird die Stimmung. Und ganz weit oben, im nördlichsten Norden, wohnt die Schneekönigin, in einem Schloß, dessen Wände aus stiebendem Schnee bestehen und die Fenster und Türen aus schneidenden Winden. Dort sitzt Kay, ganz blau, ja beinahe schwarz vor Kälte, und versucht vergeblich, aus Eisplatten das Wort »Ewigkeit« zu legen. Alle Liebhaber des Nordens scheinen mit diesem Vorhaben beschäftigt zu sein: »Das Wasser ist dickflüssig und ganz leicht rötlich«, heißt es in Peter Høegs Roman *Fräulein Smillas Gespür für Schnee*, einem der erfolg- und folgenreichsten Bücher der neunziger Jahre, »wie ein Likör aus wilden Beeren. Ein blauer Nebel aus Frostrauch befreit sich von der Wasseroberfläche und treibt über den Wasserspiegel. Danach erstarrt das Wasser.« Am Ende der Welt, und das ist weniger geographisch als vielmehr geschichtsphilosophisch gemeint, liegen Grönland, Lappland, die Färöer. Kay und

Gerda aber gehören noch tief ins neunzehnte Jahrhundert, sie kehren zurück. Denn bei Hans Christian Andersen siegt noch die Liebe, heiße Tränen schwemmen den Splitter des Bösen aus dem Auge hinaus, und die beiden können ins sichere, warme, von blühenden Rosen erleuchtete Kopenhagen, in die letzte große Bastion der zivilisierten Welt diesseits von Kälte, Unwirtlichkeit und Niedertracht zurückkehren.

Der Norden habe eine Botschaft für alle, meinte Wystan Hugh Auden, und diese Botschaft laute: Verzichte! Weiche zurück! Rosengärten eingeschlossen. Was so vom Norden bleibt, und was im Verlauf der vergangenen hundert Jahre anders und immer deutlicher wird, ist dieses: daß alles Menschliche nur ein kleines Ereignis in einem großen, rätselvollen System sei. Um dies zu erfahren, hatte Søren Kierkegaard den Gilbjerg bei Gilleleje, einen Hügel am nördlichsten Zipfel, bestiegen, auch wenn es sich für ihn dabei nur um die Spitze der dänischen Insel Seeland handelte. »Und wenn ich hier eines stillen Abends stand, wenn das Meer mit tiefem, aber stillem Ernst seinen Sang anstimmte, dann stiegen oft die lieben Verstorbenen für mich aus dem Grab empor, und der heisere Schrei der Möwe erinnerte mich daran, daß ich einsam und allein dort stand, und alles verschwand vor meinen Augen, und ich kehrte mit wehmutsvollen Herzen zurück, um mich in das Gewimmel der Welt zu mischen, ohne doch diese seligen Augenblicke zu vergessen.« In eine verwandte Gegend fährt schließlich auch Kurt Wallander, als er nicht mehr weiterweiß. Er reist nach Skagen, an die äußerste Spitze Jütlands, wo er in langen Spaziergängen am menschenleeren Strand mit sich selber ins reine zu kommen versucht. Aber trösten kann man auch ihn nicht mehr. Denn es ist, wie es seit dem späten neunzehnten Jahrhundert immer wieder ist: Man muß nach Norden reisen, in die Einsamkeit, in eine Natur, in der ein Mensch nicht vorgesehen ist. Und man wird, falls man wiederkommt, mit leeren Händen zurückkehren. Aber auf dieses Gefühl kam es an.

## *Wenn die Wolken, von Stürmen geschlagen*

Wer hinter der Öresundbrücke nicht nach links abbiegt, wer nicht nach einer langen Fahrt auf der Europastraße 4, mit allen anderen Fahrzeugen stets ein wenig jenseits der zulässigen Höchstgeschwindigkeit dahineilend, im Schatten der stacheligen Fichten verschwindet oder gar in das Reich der Schneekönigin vordringt – wer also ganz im Süden Schonens bleibt, der stößt auf eine andere Landschaft. Vor ihm öffnet sich eine Gegend, die so flach ist wie die großen Ebenen Ostfrieslands oder der Normandie. Vor fünfzehntausend Jahren gehobelt und gebügelt durch tausend Meter dickes Eis, liegt diese Landschaft fast ohne Wald und ganz ohne Höhenzüge da. Nur der Horizont gibt dem Auge einen Halt. Und oft ist nicht einmal diese Linie zu erkennen, denn dann sind feine, verschwimmende graue oder blaue Farbbänder am Rand der sichtbaren Welt aufgezogen. Oder es ist neblig, es ist dunstig, es schneit, und oft regnet es auch nur. Himmel und Erde ziehen dann ineinander und lassen einen Raum entstehen, von dem nicht mehr gesagt werden kann, wie weit oder wie groß er tatsächlich ist, ob dieser Raum eine Zelle oder Unendlichkeit oder unendliche Zelle ist.

Hierhin verschlug es im Juni 1904 den wandernden deutschen Dichter Rainer Maria Rilke. Er hatte von den skandinavischen Ländern geschwärmt, von ihrer Weite und von der Einsamkeit, die eines jeden Menschen Schicksal sei, ebenso unausweichlich wie traurig und herrlich. Eine Freundin, die schwedische Pädagogin Ellen Key, die Verkünderin des »Jahrhunderts des Kindes«, die »gute Tante« oder das »Reichsgewissen«, hatte ihm schließlich ein Obdach für ein paar Monate auf Borgeby Gård, einer Burg wenige Kilometer nördlich von Malmö, vermittelt, in einem Park am Fluß Lödde, mitten auf der großen Ebene gelegen. Der Großbauer Lars Persson von den weiten Feldern hinter Ystad hatte die ursprünglich mittelalterliche, immer wieder umgebaute Anlage im Jahr 1887 für seine Tochter erworben, die dort eine kleine, aber laute Künstlerkolonie zu sich geladen hatte. Beherrscht wurde diese Gruppe von Ernst Norlind, einem schwedischen Maler, der sich lange in Dachau aufgehalten hatte und nach Hause zurückgekehrt war, um jetzt auch die heimatliche Ackerlandschaft in dunklen Farben wiederzugeben. Aber auch die Jagd gefiel Ernst Norlind, nach Fasanen und nach Hasen, und das Feiern und das Trinken. Als Rainer Maria Rilke in Borgeby Gård angekommen war, soll es Ernst Norlind sehr schwergefallen sein, seine Tonart auf das vermeintlich nun verlangte »Cis Moll« umzustimmen.

Rainer Maria Rilke war, bettelarm wie meistens, aus Rom geflüchtet und hatte also gemeint, in den großen, heroischen Norden zu reisen. Aber er war in einem seltsamen Zwischenreich gelandet. Kaum, daß er etwas gedichtet hätte in jener Zeit. Aber unter seinem Balkon sollen sich, an einem milden Abend, lauter junge Frauen versammelt haben, um für ihn in einer mediterranen Szene mit verkehrten Rollen zu schwärmen. Ernst Norlind überredete daraufhin Rainer Maria Rilke zu einer nächtlichen Kahnfahrt mit den Verehrerinnen auf eben jenem Fluß namens Lödde – ein Name, in dem ein anderes, neueres Wort mitzuschwingen scheint, nämlich »lödder«, der Schaum, der Schweiß oder die Lauge. Miteinander sollen der Dichter, der Maler und die Damen einer absurden Verwechslung von südländischen und nordischen Verhältnissen gehuldigt haben, während die Enten sich, heftig mit den Flügeln schlagend, in Sicherheit brachten. Ellen Key befahl die beiden Herren daraufhin in den Park, um ihnen eine Vorlesung über Takt und Anstand zu halten.

Erst am Ende des Aufenthalts, er war fast schon wieder fort, fiel dem Dichter etwas ein, ein Gedicht an den Sturm.

*Sturm*

Wenn die Wolken, von Stürmen geschlagen,
jagen:
Himmel von hundert Tagen
über einem einzigen Tag –:

…

Dann bin auch ich an das rasende Rennen
eines rauchenden Rückens gebunden;
alle Dinge sind mir verschwunden,
nur die Himmel kann ich erkennen:

Überdunkelt und überschienen
lieg ich flach unter ihnen,
wie Ebenen liegen;
meine Augen sind offen wie Teiche,
und in ihnen flüchtet das gleiche
Fliegen.

Wie deutlich hier ist, daß Rainer Maria Rilke weiß, wo er sich befindet, und wie fern wirken Burg, Park und Apfelgarten von Borgeby Gård. Der glatzköpfige Maler Ernst Norlind mit dem gewaltigen weißen Bart, einst ein stolzer Mann mit großen Ambitionen, der Gatte der Gutsherrentochter Hanna Persson, der Herr über Burg und Park, wurde dann gegen Ende seines Lebens auch für den schwedischen Rundfunk entdeckt: Als Geschichtenerzähler von der großen Ebene im Süden brachte er es, den breiten Dialekt des Südens im Mund führend, zum »Wichtel des ganzen schwedischen Volkes«.

Im Laufe des zwanzigsten Jahrhunderts muß das Bild der Ebene sparsam und immer sparsamer geworden sein, es muß viele seiner ursprünglichen Mittel verloren und immer klarere Linien bekommen haben. Sie wurde gröber, unbeholfener, ihr fehlte bald die Brechung, die Hecke, das Dickicht, der kleine Hain zwischen den Feldern, der wild überwucherte Graben, der die Straße von der Landwirtschaft trennt. Große, doppelt bereifte Traktoren ziehen von März bis Oktober ihre breite Bahn, einen Pflug, einen Rechen oder einen Tank mit Gülle im Schlepp, und sie sind nicht das einzige, was diese Landschaft mit den großen Ebenen in Dakota, Missouri oder Arkansas verbindet. Deutlicher etwa noch ist die Ähnlichkeit im Winter, wenn der Wind den Schnee über die Ackerfurchen treibt, so daß deren einfache, geometrische Linien wie mit einer waagerechten Schraffur überzogen zu sein scheinen, und ein Diagramm entsteht, eine abstrakte Zeichnung, ein Entwurf ganz ohne Körper und Körperlichkeit.

Unauffällig ist diese Landschaft, und abseitig. Sie liegt nicht an den großen Verkehrswegen, die auch in Schweden meist von Süden nach Norden führen. Sie wirkt unbeschrieben. Das aber heißt nicht, daß die Geschichte in ihr keine Spuren hinterlassen hätte. Im Gegenteil: nirgendwo auf der skandinavischen Halbinsel sind die Jahrtausende so gegenwärtig wie hier. Aber die Landschaft wird in jedem Frühjahr von Grund auf umgepflügt, so daß sie immer wieder von neuem einer gerade gewischten Tafel gleicht. »Slätten« heißt diese Gegend auf schwedisch, »die Ebene«, und weil auch diese Ebene ihr Klischee hat, gehört ein zweites Wort hinzu: »myllan«. Damit wird die schwarzbraune, krumige Erde bezeichnet, in der die Bewohner dieses Landstrichs angeblich mit beiden Gummistiefeln stehen – eine Erde, schwer und dunkel genug, um außerordentlich fruchtbar zu sein, und doch so leicht, daß ein Traktor, ein roter Massey Ferguson oder ein grüner John Deere mit Vierradantrieb, im ersten Gang betrieben, einen Pflug mit sechs Pflugscharen hindurchziehen kann.

Diese Ebene hat zwei deutliche Begrenzungen: das Meer, in das sie in einem halbrunden Bogen hineinragt, und jene Hügelkette, die Moräne, die sich von den bewaldeten Höhen des Kullaberg nördlich von Helsingborg bis zur Bergkuppe Stenshuvud südlich von Kristianstad zieht. In dieser Landschaft setzt sich die dänische Insel Seeland auf schwedischem Boden fort, und man bemerkt die Verwandtschaft an der Beschaffenheit des Bodens, an seiner landwirtschaftlichen Nutzung, an den kleinen Häusern aus gebranntem oder auch nur getrocknetem Lehm, am Gänsebraten im November und an der Vorliebe der Menschen für runde, verschliffene Vokale, die, wenn überhaupt, dann nur von weichen Konsonanten begleitet werden. Die große Ebene, schrieb Carl von Linné, gleiche »so sehr Deutschland und Dänemark, daß man sagen könnte, Schonen sei mit Gewalt aus den südlichen Ländern herausgeschnitten und zu Schweden gelegt worden«. Über diesem flachen Land wölbt sich an schönen Tagen der Himmel wie eine hohe, blaue Kuppel, ein Himmel, den es nur hier gibt.

Dies wußte Rainer Maria Rilke: Wenn es von der Erde wenig zu berichten gibt, wird der Himmel um so wichtiger. Dessen erster skandinavischer Meister war der dänische Maler Christoffer Wilhelm Eckersberg, der bei Jacques Louis David in Paris studiert hatte. Im Jahr 1818 an die Kopenhagener Kunstakademie berufen, lehrte er drei Generationen von dänischen Malern das Wolkenmalen. Und so innig wurde das Verhältnis dieser Maler zu diesem Himmel und seinem Licht, daß zum Beispiel Christoffer Wilhelm Eckersbergs Schüler Christian Købke seinen obligatorischen, königlich finanzierten Studienaufenthalt in Italien nach kurzer Zeit abbrach, um nach Hause zurückzueilen und weiter das zu malen, was sich in der nächsten Umgebung der elterlichen Wohnung seinem Blick darbot: ein spärliches Kabinett, sauber gescheuerte Fußböden aus Fichtenholz, draußen im Hafen ein Segelschiff oder Felder und Hecken, domestizierte Natur, die Ruhe des Interieurs eben und die Ausdehnung einer befriedeten Häuslichkeit auf die Landschaft ringsum, so wie sie bis heute die Vorstellungen vom Leben auf den südskandinavischen Ebenen regieren. Und über allem wölbt sich der Himmel, an dem dann seit der Jahrhundertwende, nachdem sie ebenfalls das Malen im Freien gelernt hatten, auch die schwedischen Künstler weiterarbeiteten. Allen voran gilt das für Prinz Eugen, den Bruder des schwedischen Königs, auch er ein Maler von Wolken, Himmelsfarben, bäuerlichen Landschaften und niedrigen, langgestreckten Häusern. »Wenn man durch die Dörfer geht oder durch die im Rechteck gebauten Höfe«, schrieb der Prinz im Sommer 1936 über einen Aufenthalt im Südosten Schonens, »glaubt man fast, sich in Kulturen in Lund aufzuhalten« – und

»Kulturen in Lund« ist ein Heimatmuseum, eines der größten seiner Art.

Die alten, vor der Mitte des neunzehnten Jahrhunderts errichteten Häuser sind niedrig, sie besitzen menschliches Maß, und selbst die größeren von ihnen sind so gebaut, daß man im Vorübergehen in ein beleuchtetes Zimmer oder gleich mehrere davon gucken kann. Allen gemeinsam ist das steile, ursprünglich strohgedeckte Dach, von dem der Regen schnell herabrinnt, und dessen kurze Überstände, damit der Wind den Aufbau nicht zu fassen bekommt. Und alle haben die gleiche Breite von fünf bis sechs Metern, denn längere Dachbalken waren nicht zu haben. In den kleinsten dieser Gebäude hauste einst das Schwein in einem Stall an der Straße, und das ganze Haus wurde nur von einem Herd in der Küche gewärmt, der Dachboden nur im Sommer zum Schlafen benutzt. Im Dunkeln und insbesondere bei schlechtem Wetter haben diese Häuser dann etwas von einem begehbaren Weihnachtskalender, und das Projekt des Lebens scheint zu sein, die weihnachtliche Stimmung über das ganze Jahr auszudehnen. »Oft, wenn ich durch die Straßen gehe«, schrieb Hans Christian Andersen über die sehr ähnlichen Verhältnisse auf der anderen Seite des Öresund, »kommt es mir vor, als ginge ich durch eine große Bibliothek. Hier steht eine Alltagsgeschichte, dort eine gute alte Komödie, wissenschaftliche Werke aus allen Gebieten, hier Schundliteratur und gute Lektüre. Ich kann über all diese Bücher phantasieren und philosophieren.« Hans Christian Andersen ist der Erfinder des sprechenden Hausrats. Dieser aber setzt den offenen Einblick und das niedrige Fenster voraus. Und erst als um die Mitte des neunzehnten Jahrhunderts in Schonen mit der industriellen Fertigung von Ziegeln begonnen wurde, hoben sich die Häuser über das Niveau der Straße, wurden breiter, erhielten Sockel und Ornamente, und als Spaziergänger einfach so ins Wohnzimmer hineingucken konnte man auch nicht mehr.

Acht Monate, von Anfang Oktober bis Ende April, liegt die große Ebene abweisend da, langweilig, düster, ein Einerlei von graubraunen Feldern, ein niedergedrücktes, lichtloses, gottverlassenes, altes, unendlich müdes Land. Blaßgrün steht die Wintersaat auf den Feldern. Über die Äcker ziehen blauschwarze Wolken, von denen gewaltige Regenfahnen herunterhängen. Die Automobile kurven, in dichte Sprühwolken gehüllt, wie Kaninchen zwischen den Äckern herum und scheinen sich zu eilen, so bald wie möglich in irgendeinem Loch zu verschwinden. Noch schlimmer wird es, wenn es kalt ist und schneit. Der Wind bläst den Schnee dann flach über die offene Landschaft, so daß die Straße bald nicht mehr vom Feld zu unterscheiden ist, und dieser Schnee vermengt sich mit der Erde und zieht sich irgendwo und überall zu gewaltigen Wehen zusammen, die bald hart wie Zement werden und jeden Verkehr zum Erliegen bringen. Diesen Schneebergen muß man mit einer Hacke in der Hand entgegentreten.

Es gibt Wochen und Monate, im Herbst, im Winter, ja bis weit in den März hinein, in denen man sich kaum eine weniger einschmeichelnde Landschaft als diese vorstellen kann, Tage, an denen es nicht mehr hell werden will, an denen die Lampen noch zur Mittagszeit brennen, und das nicht nur, weil die Dämmerung schon vor vier Uhr hereinbricht, sondern weil das Licht nicht mehr durch Wolken und Nebel dringt. Manchmal scheint diese Landschaft am Ende der Welt zu liegen, ein dunkel überwölkter, windiger, kalter Randstreifen einer Halbinsel am Rande Europas. Den anspruchslosesten Reisenden überfällt bei solchem Wetter sogleich ein Gefühl tiefer Niedergeschlagenheit.

Und es kann ihm kein Trost mehr sein, daß die schwedischen Zirkustruppen ihre Winterlager in dieser Gegend aufzuschlagen pflegten, mit ihren Tigern und Elefanten, den russischen Gewichthebern und den chinesischen Trapezkünstlerinnen, denn ihnen ging es auch nicht gut. Die Einheimischen versuchen sich zu helfen, indem sie allerhand Kerzen und Lampen in die Fenster rücken, als Zeichen der Wärme, des Lichtes und der Gemeinschaft. Tatsächlich aber vergrößern diese Leuchtsignale der Gemütlichkeit, vor allem, wenn sie in großer Zahl aufgestellt werden, jene Empfindung von Verlassenheit, und am Ende unterscheiden sie sich in ihrer Wirkung nicht vom Effekt der in allen Ortschaften errichteten, orange-gelb strahlenden Natriumlaternen, die mit ihrem fahlen Schein alle Farben verfälschen.

In der dunklen Jahreszeit bindet dann allein der Schmutz, der aufgeweichte Boden, die fetten, klumpigen Lehmspuren der Traktoren auf dem Asphalt. Dann hält die klebrige Erde fest, die von den Feldern, die ohne Graben, ohne Böschung, ja ohne einen Streifen dünnen Grases in den Schotter übergehen, in breiten Schlieren heruntergespült wird. »In diesem Lehm werde ich herumstapfen, bis ich falle«, denkt sich Kurt Wallander, und der Satz ist wahrscheinlich nicht metaphorisch gemeint. Denn es ist nicht nur schwierig, sich vorzustellen, daß man sich hier je wohlbefinden werde, sondern auch, daß man diese kalte, glitschige Schwere je wieder wird abspülen können. Es ist nur der Dreck, die Erde, der Acker, der die Welt zusammenhält – in einem häßlichen, traurigen, schmutzig schweren Eingebundensein.

In der Nähe der Siedlungen nisten die Krähen. Am liebsten tun sie das in den Kronen der Ulmen, den gewaltigen Bäumen, die hier einst noch viel zahlreicher als heute waren. In Schonen wie auf der ganzen Welt sind sie nun von einem tödlichen, die Kapillargefäße der Bäume verschließenden und von Flugkäfern verbreiteten Virus befallen und werden immer weniger, um bald ganz zu verschwinden. Wie ein zweites Volk wohnen die Krähen dort über den Menschen. Diesen an Zahl weit überlegen, hocken sie in Scharen auf ihren Zweigen unter dem tiefen Himmel und zucken mit ihren Köpfen in alle Richtungen, und wenn sie krächzen, dann scheinen sie nicht nur miteinander zu sprechen, sondern von Grund auf mit ihrer Welt im Einklang zu sein, planvoller, selbstbewußter, weil gemeiner und unbehauster, schamloser und freier als die Erdbewohner, die sich in ihre niedrigen Wohnungen ducken müssen. Selma Lagerlöf meinte, die Krähen hätten schmutzige Füße, in ihren Mundwinkeln hingen Futterreste, und überhaupt seien sie »Spitzbuben und Landstreicher« der übelsten Sorte. Aber sie irrt. Denn die Vögel entsprechen nicht nur der Landschaft, sie besitzen auch Gemeinsinn. Verläßt einer dieser Vögel sein hohes Nest, folgt ihm die ganze lärmende schwarze Schar nach, und wenn er zurückkehrt, dann verstummt sie mit ihm.

Noch in ihrer größten Einfalt sind die Vögel entschlossen und ungehemmt: Auf einmal setzen sie sich in den Kopf, im Schornstein eines dieser kleinen Häuser ihr Nest zu bauen, und die von überall herbeigeholten Halme und Zweige verschwinden in dem tiefen, rußig schwarzen Loch. Aber nie würden die Krähen innehalten, bevor nicht der ganze Kamin bis zum Kragen angefüllt ist mit ihrem unterdessen zu einer harten Masse verklebten Mist. Beliebt sind die Krähen nicht: Vor allem im Frühjahr, nach der Aussaat, sieht man auf den Feldern oft tote Vögel mit den Füßen nach oben an einer Art Galgen hängen, zur Abschreckung ihrer Artgenossen.

Weil der Westwind das wärmere Wasser von der Küste wegtreibt, werden die Birken auf der großen Ebene erst grün, wenn in Lund schon die Kastanien ausschlagen, und um so später, je weiter man nach Osten kommt, nach Ystad oder Simrishamn. Dann sind die Steine schon von den Äckern geholt, die im Winter aus dem Boden gewachsen sind. Aber wenn der Frühling kommt, ist er hastig. Er überwältigt; mit einem Schlag taucht er die Landschaft in Farbe: in das strahlend helle Grün des jungen Getreides, durch das sich bald die tiefgelben Streifen der Rapsfelder ziehen, in das dunklere, mattere Grün der jungen Zuckerrüben und Kartoffelpflanzen, in das Weiß und Schwarz der Häuser – und dahinter ist das Meer einfach nur blau, auf eine unendlich abgründige Weise blau.

Für sechzehn, siebzehn, im glücklichsten Fall achtzehn Wochen ist alles anders. In den Kiefernwäldern hinter den Dünen riecht es nach sonnenerwärmtem Harz, hin und wieder weht der süßlich saure, schwere Geruch des am Strand vertrocknenden Tangs hindurch. Malven und Rosen bilden dichte rote, weiße, gelbe, violette Ringe um die alten Häuser, meterdick wirkt plötzlich ein jedes Grün, und betäubend ist der Duft der vielen Blumen. Unergründlich tief ist der Himmel, auf dem vor allem am Nachmittag eine dichte Reihe von vierstrahligen Düsenflugzeugen ihre Bahn zieht, erkennbar als wolkige, weiße Striche am blauen Himmel. Die Maschinen an der Spitze der Kondensstreifen lassen sich nur als winzig kleine, metallisch glänzende Punkte wahrnehmen, vom dicken Strich hinter ihnen durch eine kurze Unterbrechung der Linie getrennt. Immer von Südwesten nach Nordosten oder umgekehrt verlaufen diese Bahnen, von London nach Tokio oder von Amsterdam nach St. Petersburg. Oder vielleicht auch nur von Kastrup nach Kristianstad, aber in diesem

Fall flögen sie nicht so hoch, und vier Düsen besäßen sie auch nicht.

Dann wird es Abend, und der unruhige Geist, der immer beschäftigt sein will oder wenigstens Inventur machen möchte, rührt sich nicht mehr und überläßt sich dem Staunen. Langsam verdunkelt sich das Blau eines Himmels, über den immer seltsamere, graurosafarbene Wolkengebilde treiben, und zwischen diesen leuchten die ersten Sterne und die Sichel des Mondes.

Ist das ein Himmel?
Selig lichtes Blau,
in das sich immer reinere Wolken drängen,
und drunter alle Weiß in Übergängen,
und drüber jenes dünne, große Grau …

Einen *Abend in Skåne* hat Rainer Maria Rilke dieses Gedicht genannt, in Erinnerung an seinen Aufenthalt auf Borgeby Gård. Er schreibt tatsächlich »Skåne«, nicht das deutsche Wort »Schonen«. Dieses Gedicht übrigens ist erst Wochen nach seiner Abreise aus der großen Ebene entstanden.

Das Licht. Es besitzt, vor allem wenn es vom Meer reflektiert wird, eine beinahe metaphysische Klarheit, es wirft tiefblaue Schatten, es schneidet ein jedes Ding aus seinem Hintergrund heraus, so als sei es gleichsam doppelt da, als Ding und Bild vom Ding vor dem Ding, mit einem scharf abgegrenzten dunklen Schatten zwischen beiden. Dann kommt ein Wind, der ganz sauber zu sein scheint, leicht und völlig transparent, und das weite Land erhält eine Freizügigkeit, eine ganz und gar unbeschwerte Deutlichkeit, so daß der Besucher eine ganze Weile glaubt, ihr nicht trauen zu dürfen. Der Betrachter schließt die Augen, prüfend, ob sich die Erinnerung an die Landschaft mit ihrer Gegenwart messen kann, und ist, wenn er sie wieder öffnet, doch sehr überrascht, daß die Gegenwart bei dieser Übung gewinnt. Die Landschaft hat dann, von den Schleiern der niedrigeren, dichteren Atmosphäre gleichsam befreit, beinahe etwas Übernatürliches. Man vergißt alles darin, auch sich selber.

Um so herber ist das Ende. Spätestens Ende August wird die Landschaft geschoren wie ein Schaf. Und wenn dann die letzten Sommergäste heimgezogen sind, wenn die Imbißbuden schließen, die kalte Feuchtigkeit des Herbstes aufzieht und sich die Felder wieder in ein unabsehbar großes, graubraunes Ödland verwandeln, stellt sich ein Gefühl der Lähmung ein. Als müsse man überwintern, nicht einen Winter lang, sondern unendlich viele, eine ganze Kette von Wintern, und ein Winter gehe von nun an ohne Pause, ohne Erholung in den nächsten über. Sieben Jahreszeiten gebe es, behauptet der schwedische Schriftsteller Torgny Lindgren über den Norden: Frühling, Sommer, Herbst – und die vier Winter. Und schließlich wird manchmal aus einem Sommer nichts, es gibt ihn einfach nicht, er fällt aus wie eine Schulstunde oder ein wegen Erkältung des Ersten Geigers abgesagtes Kurkonzert. Dann regnet es, Tag um Tag, Woche um Woche, und grüner war es nie, aber in den Äckern verfaulen die Kartoffeln, und die Flugzeuge sieht man nicht.

## *Der Reiz der kleinen Muster*

Carl von Linné, Naturforscher, Professor und königlicher Leibarzt, erkundete im Jahr 1749 im Auftrag der schwedischen Stände die Provinz Schonen, so wie er siebzehn Jahre zuvor eine Inventur in Lappland gemacht hatte. Zweieinhalb Monate lang, von Mitte Mai bis Anfang August, reiste er in Gesellschaft seines Sekretärs Söderberg und des jungen Barons Oxenstjärna kreuz und quer durch das Land, hauptsächlich um dessen natürliche Reichtümer zu schätzen, aber auch, um sich einen Eindruck von Land und Leuten zu verschaffen. Bislang meist auf dem Pferd unterwegs, war dies seine erste große Expedition mit einer Kutsche. Nie habe er, notierte er in seinem Bericht, eine behaglichere Reise unternommen.

Als er die Gegend südöstlich von Malmö erreichte, folgte er der zu jener Zeit üblichen Sitte, an einem klaren Tag auf eine Anhöhe zu steigen und die Kirchtürme zu zählen, nicht nur zum Vergnügen, nicht nur, um den weiten Blick über die offene Landschaft zu genießen oder sich einen Eindruck vom Eifer der Gläubigen zu machen, sondern um deren Reichtum zu ermessen. Denn die Kirchen stehen oben, auf der Ebene, zwischen den fruchtbaren Äckern, und nicht unten, hinter den Küstenhängen, auf dem kargen, sandigen Boden der Strände. Carl von Linné berichtet nicht, wie viele Kirchtürme er an diesem Tag sah, aber es werden viele gewesen sein. Steil ragen die massigen Türme mit ihren stufigen Giebeln aus den Feldern, mehr als irgendwo anders in Schweden: Im Amtsbezirk Östra Göinge im Norden Schonens kommt eine Kirche auf siebenundsechzig Quadratkilometer, im Amtsbezirk Skytt zwischen Ystad und Malmö ist ein solcher Sprengel im Durchschnitt nur elf Quadratkilometer groß. Die meisten Kirchen stehen hier auf mittelalterlichem Grund, viele sind mittelalterlich geblieben, mit ihrem weißen Kalkputz, ihren hellgrauen Fensterrahmen und ihrer kargen Einrichtung, auch diese oft in Weiß und Grau.

Manche von ihnen sind aber Erinnerungen an eine viel ältere Zeit, so wie die Kirche von St. Olof, die in einer Wald-und-Wiesenlandschaft bei Kivik im äußersten Osten der Provinz steht. Vermutlich an Stelle einer heidnischen Kultstätte zu Beginn des elften Jahrhunderts gegründet, wurde diese große Kirche auf ihrem Hügel zu einem Wallfahrtsort, in dem sich der alte Glaube bis in die Neuzeit erhielt. Das Volk glaubte an die plumpe, hölzerne, nur einen halben Meter hohe Heiligenskulptur neben dem Altar, es zog die Axt aus der Hand des heiligen Olof und bestrich sich damit die kranken Körperteile. Und es warf Münzen in die Quelle nicht weit von der Kirche, an der Olav Haraldsson, der fromme Wikingerfürst, auf seinem Missionszug im Jahr 1026 gefallen sein soll. Ganze vier Seiten widmet Carl von Linné der Kirche von St. Olof in seinem Reisebericht. Das wichtigste Ereignis ist dabei allerdings eine Anekdote, in der es um die Wirkung der Wünschelrute geht. Carl von Linné hält das Ausschlagen eines Haselnußzweigs für ausgemachten Unsinn, vergräbt die Börse auf einem weitläufigen Acker hinter einer Scheune und läßt seine Leute suchen. Nach eineinhalb Stunden wird die Börse gefunden – dort, wo zuvor die Rute ausgeschlagen hat. Und Carl von Linné beklagt, daß er sich nun »*nolens volens* persuadieren lassen muß, daß nicht alles Quisquilien sind, was über die Schlagrute berichtet wird, obwohl es schwer zu glauben ist für einen *physicus*, aber *experientia rerum magistra*, was sich nicht verneinen läßt«.

Protestantisch sind die Kirchen nun alle, und leer sind sie auch, vor allem an Sonntagen. Ein einzelner Pfarrer versorgt heute oft drei, vier solcher Kirchen, und man sieht ihn am Wochenende in einem Kleinwagen mit seiner Aktentasche von Sprengel zu Sprengel reisen. Erlösung würde man nicht von einem solchen Priester erwarten, diese überirdische Hoffnung ist Ende des neunzehnten Jahrhunderts von der schwedischen Staatskirche, zu der all diese Türme gehören, auf die vielen Freikirchen übergegangen, auf die Baptisten, die Methodisten, den Schwedischen Missionsverbund, die Pfingstkirche und die »Nüchternheitsbewegung«, den aus den Vereinigten Staaten importierten, oft mit religiösen Logen und Orden wie den Guttemplern verbundenen organisierten, radikalen Widerstand gegen den Alkohol. Erfolgreicher noch wird die Sorge um das Seelenheil von den Sportvereinen betrieben, der seelischen Mitte in all diesen Dörfern – mit ihren Kinder- und Jugendgruppen, mit der besten Mannschaft in der siebten Division und mit einer Abteilung für die »old boys«, die am Sonntagnachmittag spielt. Diese Vereine sammeln Trödel und veranstalten Flohmärkte, auf denen im Sommer das Volk zusammenläuft, und sie liefern die soziale Grundlage für die Tauschgesellschaft, die sich hier, wie überall auf dem Land, neben der staatlich kontrollierten und mit allerlei Steuern belegten Ökonomie auf das Prächtigste eingerichtet hat. Und je kleiner der Ort, desto lebendiger scheinen die Vereine zu sein.

Nun mögen sich die Kirchtürme auf den Ebenen nach

oben strecken, so weit sie wollen, und besonders die, welche die Staatskirche vor gut hundert Jahren im vergeblichen Kampf mit den Freikirchen errichten ließ. Aber im Grunde ist den Kirchen die große Geste fremd, und das Paradies wird keinem versprochen. Besinnung mögen sie hingegen bieten, Einkehr, Ruhe. Zu ihren Füßen, auf der anderen Seite einer mit hellen, knirschenden Kieseln bestreuten Fläche, erstrecken sich die beschaulichen, von Bäumen beschatteten und von Mauern aus Feldsteinen begrenzten Friedhöfe. Hier ist das Grab des Bauern Nilsson, dort das des Lehrers Larsson, und dazwischen liegt Baumeister Magnusson, und der Besucher studiert die Jahreszahlen und versteht, daß er sich auf eine Landschaft der langen Dauer eingelassen hat. »Der Bauer in Schonen hält mit derselben Kraft an der Art seiner Vorväter fest, mit der unsere Jugend sich beeilt, sie zu verändern«, notiert Carl von Linné auf seiner Reise, »er glaubt an die Erfahrungen, unsere Leute an neue Projekte. Er ist sich ihrer sicher, wir unserer nicht.« Dann stößt der Besucher auf einen Hultgren, einen Spengler, der erst vor drei Generationen zugezogen sein muß. Vielleicht erscheinen dessen längst erwachsene Enkel ihren Nachbarn noch heute ein wenig fremd. Um den Kirchturm flattern unterdessen die Möwen. Sie warten darauf, daß wieder ein Traktor kommt und etwas Neues mit der Erde anstellt.

Die großen Äcker, durch die im Frühjahr die Pflüge ziehen, als wollten sie nicht nur dieses Stückchen Land, sondern die ganze Welt bis weit jenseits des Horizonts, ja die ganze Erde mit ihren Furchen durchwühlen, mögen keine Sehenswürdigkeit sein und schon gar keine großen Rätsel bergen. Aber einem metaphysischen Bedürfnis scheinen sie dennoch entgegenzukommen, als sei das Wichtigste nicht gesagt, einfach verschwiegen – in den langen Wellen, mit einem langsamen Rhythmus, in dem jeder Kamm und jede Talsohle stark betont wird: Dies ist ein Hof, unter dem Schatten noch von hohen Ulmen, die den Luftraum über den Gebäuden beherrschen, vielleicht sogar einer Linde oder einer Kastanie, dort liegt ein Dorf, von einer Kirche überragt, und im Hintergrund, wie ein Dampfer an der Mole, eine qualmende Zuckerraffinerie, ein seltsam sinnlos in den Himmel ragender, längst nicht mehr benutzter Silo, eine Reihe von Windkraftwerken, deren gewaltige Flügel die Luft zu schlagen scheinen. »Man soll nicht glauben«, schrieb Ende des achtzehnten Jahrhunderts der Herr von Tosterup, einem Gut im Westen von Ystad, »die Ebene sei flach wie mit der Wasserwaage gezeichnet. Sie ist kupiert, aber gegen den Horizont sieht man die kleinen steilen Hänge nicht. Das Land ist in weiten Tälern gebrochen, es bewegt sich nur langsam für das Auge, und bedroht den Wanderer nicht mit Beschwerlichkeiten.«

Sehr banale Dinge können auf diese wenig beschwerliche Weise zu großen Wegzeichen werden, die rostige, mit nur einer Säule ausgerüstete Tankstelle namens »Mack« bei Hammar zum Beispiel, auf halbem Wege zwischen Ystad und Skillinge gelegen, oder die öde, grasbewachsene Fläche über dem Meer bei Kivik, auf der in kurzen Abständen Pfähle mit Steckdosen aus dem Boden ragen, wo jedes Jahr im Juli ein Markt gefeiert wird. Auf einem Hügel hinter der Burg Glimmingehus steht ein dunkelgrüner eiserner Turm des schwedischen Militärs, mit einer rotierenden Radartrommel an der Spitze, und wer immer sich hier im Umkreis von einem Dutzend Kilometern orientieren will, der wird auf dieses Gerüst verwiesen: »Den Turm siehst Du dann rechts« – oder links oder vorne oder hinten.

Und weil das so ist, merkt sich jeder Passant den blechernen, großen schwarzen Hut, den sich der Inhaber einer Imbißbude am Rand der Schnellstraße von Malmö nach Ystad als Signal vor das Haus gestellt hat. Auch Kurt Wallander legt bei »Fars Hatt« eine Pause ein. Denn vergangen sind die Zeiten, als Romanhelden das Los der Gesellschaft erleichtern mußten. Auch ihnen ist das Dasein zu etwas ganz anderem geworden, als es zu werden versprach, und es ist keine grundlegende Veränderung in Sicht. Es geht ihnen wie der Landschaft: Sie geben sich mit den einfachen Grundmustern des Lebens zufrieden, und deswegen müssen sie immer wieder ruhen.

Und auch dieses ist wie immer: In Gegenden, in denen die Welt so leer und flach zu sein scheint, wie es nur irgend geht, am offenen Meer oder irgendwo zwischen Glemmingbro und Hannas, auf halbem Wege zwischen Ystad und Simrishamn, reißt plötzlich der Himmel auf, die Sonne leuchtet nun hinter dunkelgrauen Wolkentürmen, und in den Strahlen, die sternförmig über die vollendete Langeweile geworfen werfen, gleißt für einen Augenblick, zehn Kilometer weiter südlich, das Meer auf, so als gehöre das Licht zu einer jener alten religiösen Darstellungen, die das Walten einer höheren Macht veranschaulichen sollten. Der Reiz dieser Gegend ist nicht heroisch, nichts weniger als das. Er liegt allein in kleinen Mustern und deren Wiederholung.

## *In diesem Jahr wie im vergangenen*

Die Landstraße schwingt sich an der Küste entlang, durch Weideland und ein paar kleine Küstenwälder, durch Sommerhauskolonien und schlichte Dörfer. Ein paar Kilometer nach Trelleborg taucht auf einer kleinen Landzunge ein Leuchtturm auf. Ein Schild an der Landstraße weist darauf hin, und unterhalb wie oberhalb dieser Wegmarke werden die Entfernungen nach New York, Tokio und Kapstadt angegeben. Denn hier, bei Smygehuk, einem Fischerdorf zwischen Trelleborg und Ystad, schiebt sich eine kleine, runde Landzunge in die Ostsee hinein. Diese, so heißt es, sei der südlichste Punkt Schwedens, und was dann folge, sei Dänemark oder Deutschland oder was immer noch kommen möge.

Auf einem Hof in dieser Gegend soll Nils Holgersson geboren sein, das böse Kind der schwedischen Kinderliteratur, der Knabe, der Katzen und Kühe folterte, der seine Eltern quälte und am Sonntag nicht zur Kirche gehen wollte: »Das Jahr war noch nicht weitergekommen als bis zum zwanzigsten März«, schreibt Selma Lagerlöf, »doch der Knabe wohnte in der Gemeinde Västra Vemmenhög tief unten im südlichen Schonen, und dort war der Frühling schon heftig unterwegs. Es war noch nicht grün, aber es war frisch, und überall hatten sich Knospen gebildet. In allen Gräben stand das Wasser, und das Pferdekraut blühte an den Wegrändern.« Västra Vemmenhög liegt vielleicht zehn Kilometer nordöstlich von Smygehuk, nach Ystad hin, und von diesem Fischerdorf aus, erst geradeaus, dann im rechten Winkel nach rechts, und wieder geradeaus und wieder rechts, führen asphaltierte Wirtschaftswege zu dem Hof, der heute »Nils Holgersson Gården«, der »Hof von Nils Holgersson«, heißt: zu einem kleinen, weißgekalkten Fachwerkhaus, das unter seinem hohen, steilen Strohdach wie in die Erde niedergedrückt daliegt.

Die Geschichte ist bekannt: Als die Eltern in der Kirche sind und der Knabe beginnt, seinen Sonntagvormittag in der Stube zu vertrödeln, kommt ein Wichtel aus der Truhe. Der böse Nils quält auch das Wunderwesen und wird zur Strafe in eine Miniatur seiner selbst verzaubert, nicht größer als ein Daumen. Nun rächen sich die Tiere auf dem Hof, und das einzige Wesen, bei dem er Zuflucht findet, unerwünscht zwar, aber immerhin, ist ein junger, zahmer Gänserich namens Mårten. Hingerissen vom Ruf der Wildgänse, die an diesem Tag über die Ostsee kommen, bei Smygehuk das Land erreichen und dann nach Schonen hineinschweben, will dieser Gänserich die Freiheit suchen. Er fängt an zu flattern, doch er versteht so wenig vom Fliegen, daß er gleich wieder auf die Erde plumpst. Aber beim zweiten Mal geht es besser, und Nils vergißt, daß er kein Mensch mehr ist, will den Gänserich halten – und fliegt mit.

»Wohin in aller Welt bin ich nur gekommen«, fragt der Däumling, als er unter sich Rechteck neben Rechteck liegen sieht, einige von ihnen zwar schief und manches eher lang als breit, doch Winkel und gerade Linien überall. »Da begann er zu verstehen, warum die Erde Schonens so bunt und eckig aussah. Die klargrünen Rechtecke erkannte er zuerst wieder: Das waren die Roggenfelder, die im vergangenen Herbst gesät worden waren und sich unter dem Schnee grün gehalten hatten. Die gelbgrauen Flächen waren Stoppelfelder, wo im vergangenen Sommer Getreide gewachsen war, die bräunlichen waren alte Kleewiesen, und die schwarzen waren leeres Weideland oder brachliegende Äcker. Die Rechtecke, die braun waren, mit gelben Rändern, waren gewiß Buchenwälder, denn in solchen stehen die großen Bäume, die mitten im Wald wachsen, im Winter nackt da, während die kleinen Buchen, die an den Waldrändern stehen, ihre trockenen, verwelkten Blätter bis in den Frühling behalten dürfen. Es gab aber auch dunkle Flächen, die in der Mitte grau waren: Das waren die großen, um einen gepflasterten Hof herumgebauten Bauernhäuser mit den schwarz gewordenen Strohdächern. Und dann gab es noch Flächen, die in der Mitte grün waren und von lauter Braun umgeben, wo der Rasen schon grünte, obwohl die Büsche und die Bäume, die um ihn herumstanden, noch in ihrer nackten, braunen Rinde dastanden.«

Selma Lagerlöf, nicht aus dem Süden, sondern aus Värmland stammend, kannte Schonen. Denn in Landskrona hatte sie ab 1885 zehn Jahre lang an der Höheren Lehranstalt für Mädchen gelehrt. Das Märchen von Nils Holgersson hatte sie in Mölle, einem Badeort im Nordwesten Schonens, abgeschlossen. Sie wird gewußt haben, daß in dieser Landschaft etwas nicht nur Ungewöhnliches, sondern beinahe Wunderliches stecken kann, und sie amüsierte sich darüber. Als Nils Holgersson zum ersten Mal auf dem Rücken einer Gans flog, mußte er lachen, »als er sah, wie viereckig alles war«. Tatsächlich hat das radikal Aufgeräumte dieser Landschaft etwas Absurdes, im Verhältnis zwischen dem Alten, unendlich oft Gebrauchten, Bewirtschafteten, Benutzten und dem immer wieder Neuen, das darauf wächst – und allen Versicherungen der Wildgänse zum Trotz gleicht diese Landschaft noch nicht den bäuerlichen Gegenden auf der anderen Seite der Ostsee, oder nicht mehr. Denn während diese, in Schleswig-Holstein zum Beispiel oder im Münsterland, längst etwas Historisches und Parkähnliches angenommen haben, ist Schonen ein Landstrich am Rande der zivilisierten Welt geblieben. Immer noch spürt man die Nähe des großen Waldes, des Alten, und daneben wird das Neue, das Ökonomische, mit unverminderter und ungebrochener Gründlichkeit betrieben.

Im Jahr 1902 hatte Selma Lagerlöfs Verlag Bonniers in Stockholm mit dem Schwedischen Allgemeinen Volksschullehrerverband ein Abkommen über die Herausgabe eines »Lesebuches über Schwedens Land und Volk« geschlossen. Von vornherein war klar, daß der pädagogische Auftrag nicht nur die Liebe zum Vaterland umfassen sollte. Die Auswanderung in die Vereinigten Staaten mußte gebremst werden. Und nicht zuletzt sollte es um »Verringerung des gegenwärtigen Klassenunterschieds« gehen. »Das Ganze ist ein langes Tiermärchen, oder wie soll ich es nennen«, schrieb sie vier Jahre später an ihren Verlag, »eine Reisebeschreibung, in der die Reisenden Tiere sind … Ich hatte wohl Kipling als Muster, aber ihr dürft nicht an Kipling denken, wenn ihr das Buch lest, denn ich kann nicht so ausgezeichnete Tiere machen wie er.« Und nicht ein Tierbuch, sondern das Geographiebuch eines sich gerade selbst erfindenden Nationalstaates ist ihr Roman geworden, siebenhundert Seiten stark, und nebenbei ein Lehrbuch der Tugend, der Treue und der Redlichkeit.

Daß Selma Lagerlöf ihre Tiere nicht so gut beschreiben kann wie der englische Kollege, stimmt natürlich nicht, aber ihre sind anders als die Dschungelwesen von Rudyard Kipling: Denn bei den Wildgänsen, die unter Führung von

Akka aus Kebnekajse, der Leitgans, von Smygehuk im äußersten Süden bis nach Malmberget im äußersten Norden reisen, ist das Abenteurertum mit großer Verläßlichkeit verbunden. Und anders als sie sind, können diese Tiere auch nicht sein: Sie haben die Ruhe der Sicht von oben. Sie müssen als Führer durch ein Land dienen können, das seine äußere und innere Topographie, das Wissen um seine Kultur und seine natürliche Eigenart noch gar nicht erreicht hat. Und sie haben unpolitisch zu sein, denn es darf in diesem Buch nicht danach gefragt werden, was die Schweden sind oder wie ihr Staat beschaffen ist, sondern nur, wo sie wohnen. Erst so entsteht Heimat, erst so werden die Wiesen und die Äcker, die Wälder und die Seen in der Seele eingepflanzt. Und das Unternehmen gelang: Der erste Teil von *Nils Holgerssons wunderbare Reise durch Schweden* erschien am 24. November 1906. Bis Weihnachten desselben Jahres waren vierzigtausend Exemplare verkauft, und im folgenden Jahr wurde das Buch zur Pflichtlektüre in allen schwedischen Volksschulen.

Die große Erzählung von Nils Holgersson ist ein Buch der Namen: Västra Vemmenhög, Smygehuk, Ystad, Kullaberg, Glimmingehus. Ein jeder dieser Namen scheint eingeschrieben zu sein in Verhältnisse, die viel älter sind als das, was man heute dort vorfindet: »Dieser Hof heißt Lillgärde«, kräht der Hahn, als Nils Holgersson mit seinen Gefährten vorüberfliegt, »in diesem Jahr wie im vergangenen.« Es ist nicht nebensächlich, was der Hahn da in die Gegend brüllt. Denn all diese Namen sind auf der »Grünen Karte« von »Lantmäteriet«, dem schwedischen Vermessungsamt, zu finden, in der im Maßstab von eins zu fünfzigtausend alle »Fahrwege, Häuser und Pfade« verzeichnet sind. In diesen Namen vereint sich das große Unternehmen einer Nationalgeographie in Gestalt eines Romans mit der Wirklichkeit, in ihnen schießen Mythos und Realität zusammen. Und daß auf der »Grünen Karte« der kleine Hof von Holger Nilsson, dem Vater von Nils Holgersson, am Ende jenes Wirtschaftswegs zu finden ist, spielt für die Wahrhaftigkeit der Geschichte keine geringere Rolle als der Umstand, daß es in Ystad tatsächlich eine Straße namens »Mariagatan« gibt, in der in Henning Mankells Romanen ein melancholischer Detektiv lebt.

Auch *Nils Holgersson* ist eine Geschichte, die, wie das Märchen von der *Schneekönigin*, von Süden nach Norden und wieder zurück führt. Und auch das Buch vom Däumling berichtet von einer Läuterung – von Station zu Station, von Landschaft zu Landschaft wird der Junge, einst der Schrecken der Hoftiere, zu einem besseren Kerl. Und deswegen darf er auch wieder aufhören, wo er angefangen hat, bei Vater und Mutter, in einem bescheidenen Wohlstand, in einer Natur, die sich dem Menschen nicht widersetzt. Und so steht, vor mehr als hundert Jahren, an einem 9. November, der wieder zu einem Menschen gewordene Nils Holgersson am Strand von Smyge und verabschiedete sich von Akka und ihrer Gruppe. »Danach ging er zurück auf das Land, denn er wußte ja, daß die Trauer der Vögel nicht lange Bestand hat, und er wollte sich von ihnen trennen, solange sie noch darüber betrübt waren, daß sie ihn verloren hatten.« Schließlich machten sich die Wildgänse auf den Weg über die Ostsee, und nur dieser Schwarm schwieg, während alle anderen Vögel riefen und kreischten.

## *Die Erde ist die Quelle allen Wohlstands*

Es knarzt im Lautsprecher. »Skurup«, sagt der Schaffner, ein paar Minuten bevor die Regionalbahn die kleine Stadt auf halbem Wege zwischen Malmö und Ystad erreicht, »Skurup, Skurup nästa«. Der Ton verrät, daß der Mann und seine Eltern und seine Großeltern und vermutlich noch viele Generationen vor ihm in dieser Gegend aufgewachsen sein und ihr ganzes Leben hier verbracht haben müssen. Breit und weich ist dieser Dialekt, der Landschaft ähnlich und so altertümlich, daß er den ostdänischen Dialekt, der hier bis ins späte siebzehnte Jahrhundert gesprochen wurde, immer noch durchklingen läßt – obwohl schon hundert Jahre zuvor nicht mehr auf dänisch gepredigt werden durfte.

Erst zieht der Schaffner das »s« so lang, daß das harte »k« ganz schlapp und mürbe wirkt, und dann schleicht sich das »u« bedächtig hinterher, beginnt irgendwie ganz unten in der Kehle, verwandelt sich spät in ein »ü« und endet dann, nach noch einmal geraumer Zeit, mit einem hohen »i« unter dem Gaumen. Der Rest folgt dann in einer einzigen, geruhsam schwingenden Bewegung, und mit dem sachte, sanft und nachgiebig poppenden Schlußlaut »p« endet ein Wort, das mit seinen beiden Wellen, der langen und der kurzen, klingt, als würde jemand im Liegen mit vollem Bauch sprechen. Oder als wolle einer mit einer einzigen, bedächtigen Geste die ganze Ebene abräumen.

Als die Eisenbahn von Malmö nach Ystad gebaut wurde, um das Jahr 1874, erhielt sie einen Beinamen: »Grevebanan«, die Grafenbahn. Denn finanziert hatten sie, neben Kaufleuten aus Malmö und F. H. Kockum, dem Besitzer der größten mechanischen Werkstadt des Landes, die adligen Herren auf den großen Schlössern. Die Strecke führt an allen großen Gütern dieser Gegend vorbei, an Skabersjö, Börringekloster, Näsbyholm, Svaneholm, Rydsgård. Um das Renaissanceschloß Marsvinsholm und seine gigantische Ziegelkirche sowie um das Gut Charlottenlund wurde eine Schleife gelegt, damit die Haltestellen für die schweren Wagen mit Weizen, Rüben, Kartoffeln, Holz oder Käse über kurze Wege zu erreichen waren. Lange schon wurde im Süden Schonens mehr Getreide hervorgebracht, als man dort verzehren konnte. Dieser Reichtum war nicht nur dem fruchtbaren Boden zu verdanken. Vielmehr hatte man hier sehr früh begonnen, mit der Landwirtschaft umzugehen wie mit einem Unternehmen. Die Voraussetzungen dafür hatte der dänische König im sechzehnten Jahrhundert geschaffen. Damals entstanden die Schlösser und Herrensitze, von denen noch heute die ganze Gegend gegliedert wird, große, zusammenhängende Güter. Viele der alten Gutshöfe und Schlösser sind erhalten, manche von ihnen in imponierender Größe, aber nur selten kann man sie besichtigen. Sie werden nach wie vor bewirtschaftet, oft genug von denselben Familien, die schon vor dreihundert, vierhundert Jahren auf diesen Höfen saßen. Und die Eisenbahn fährt noch immer an ihnen vorbei. Aber längst sind die Züge elektrifiziert, seit einigen Jahren tragen sie hellviolette Farben, und die Pendler, die jeden Tag nach Malmö und zurück unterwegs sind, schwanken auf Sitzen hin und her, die mit kurzhaarigem Plüsch in gleicher Farbe bespannt sind.

Von Rutger Macklean, der in den letzten Dekaden des achtzehnten Jahrhunderts auf Schloß Svaneholm herrschte, hat einer seiner philosophischen Gefährten eine Karikatur hinterlassen. Es zeigt das Gesicht eines alten Hexers, einen Mann mit einer Nase wie ein Felsvorsprung und einem Kinn wie eine geballte Faust. Auf den Brauen liegt ein schwerer Wulst, der Mund ist zahnlos, der Unterkiefer scheint heruntergeschliffen zu sein, die Wangen hängen in mächtigen Säcken, und das Haar gleicht einem vom Hagel niedergeschlagenen Weizenfeld. Dieses Porträt offenbart das Gegenteil von dem, was unter dem Befehl von Rutger Macklean auf den zu Schloß Svaneholm gehörenden Ländereien verwirklicht wurde und was die schwedische Gesellschaft in den Jahrzehnten nach Mackleans Tod 1816 von Grund auf veränderte. Denn Rutger Mackleans Reform der Landwirtschaft auf seinem Gut war geradlinig, zweckbewußt und so erfolgreich, daß sie zunächst in Schonen, dann 1827 in ganz Schweden zum Gesetz wurde. Dieser Mann räumte den Süden Schonens leer.

Rutger Macklean war Sproß einer im siebzehnten Jahrhundert nach Göteborg eingewanderten holländischen Familie, die ihren ursprünglichen Namen »Mackeleier« in ihrer Verehrung für die Romantik des achtzehnten Jahrhunderts in einen schottischen Namen verwandelte und so geadelt wurde. Rutger Macklean hatte als Jurist am Hofgericht gedient, er war Offizier und Höfling gewesen, bevor er, ein Jakobiner wie viele schwedische Adlige jener Zeit, nach Schonen zurückkehrte, um Svaneholm, das vom Onkel ererbte Gut, nach den Prinzipien der Aufklärung, nach den Maßstäben der bürgerlichen Vernunft einzurichten. »*Jorden är den källa, hwartur både enskildt och allmänt wälstånd härflyter*«, schrieb er in einem *Lehrbuch für die Landwirtschaft in der Gemeinde Skurup*, »die Erde ist die Quelle, aus der sowohl der einzelne wie der allgemeine Wohlstand fließt«. Rutger Macklean rief sich den Landvermesser Carl Gideon Wahlman zur Seite, verteilte das Land neu an seine Pächter, die alte Zersplitterung des Bodens wurde aufgehoben, und geschlossene, einheitliche Besitztümer entstanden. Aus fast zweitausend Parzellen wurden vierundsiebzig, die Dörfer lösten sich an ihren Rändern auf, die alten Vierseithöfe im Ort wurden durch Dreiseithöfe auf der jeweiligen Parzelle ersetzt und liegen seitdem, von kleinen Baumgruppen umstanden und beschattet, jeweils ein, zwei Kilometer voneinander entfernt. Rutger Macklean verlangte den regelmäßigen Anbau von Hülsenfrüchten, von Klee und Wicken, damit der Boden sich mit Stickstoff anreichern könne. Er ersetzte die alten, mündlich getroffenen Pachtverträge durch schriftliche, die anstatt der Fron einen Geldbetrag verlangten. Und er gewährte seinen Pächtern für den Anfang fünf Jahre Befreiung von allen Zahlungen. Schließlich schickte er, gemeinsam mit zwei anderen Gutsherren auf der großen Ebene, einen Studenten ins schweizerische Waadtland zu Heinrich Pestalozzi, dem Begründer der Volksschule. Nach dessen Rückkehr wurde in Skurup die Schulpflicht eingeführt, ein halbes Jahrhundert bevor sie in Schweden Gesetz wurde. So wurde die Rationalisierung der Landwirtschaft vollendet, die mit Carl von Linnés Besichtigung der Naturschätze Schonens begonnen hatte.

Damals, vor etwas mehr als zweihundert Jahren, wurde die Landschaft Schonens geschaffen, so wie sie sich noch heute darstellt, mit einer Nutzung des Bodens, die in der Umgebung von Hannas, hoch auf der Ebene zwischen Ystad und Simrishamn gelegen, bei hundert Prozent liegt.

Aus der Zerstörung der Dörfer gingen nicht nur der Landwirt, sondern auch die Landarbeiter, die landlosen Bauern, die Knechte und Mägde hervor. Dieses ländliche Proletariat wurde noch zahlreicher, als man in den letzten beiden Jahrzehnten des neunzehnten Jahrhunderts mit der Zukkerproduktion begann und für das Lichten, Hacken und Ernten Arbeitskräfte aus dem Ausland, vor allem aus dem zu Österreich gehörenden Galizien, nach Schonen holte.

Und als der einzelne sich auf der weiten Ebene wiederfand, allein mit sich und seiner Familie, und als der Nachbar mindestens einen längeren Spaziergang entfernt war, und der Pfarrer seinen Sprengel nicht mehr im Blick, geschweige denn in der Kirche hatte – da rächten sich die zerstörten Dörfer, indem sie in Gestalt von geistigen Gemeinschaften wiederkehrten. Denn mit der Zerstreuung der Bevölkerung auf die Felder waren die Voraussetzungen für die Erweckungsbewegungen geschaffen, die zum Ende des neunzehnten Jahrhunderts und zu Beginn des zwanzigsten so erfolgreich waren und deren Einfluß auf die schwedische Gesellschaft noch heute sehr zu spüren ist. Damals entstanden die Pfingstkirche, eine Arbeiterbewegung der Seelen, die »Nüchternheitsbewegung« und die Sozialdemokratie, und sie alle waren von vornherein auch in bäuerlichen Gegenden zu Hause. Sie sind volkstümliche Versuche, das Dorf und seinen erstarrten, protestantischen Glauben auf neue Art zu beleben und zu einer wahren Bruderschaft im Geiste zu finden. Und vor allem sind sie Initiativen, die ländlichen, feudalen Traditionen abzubrechen wie ein altes Haus – und an derselben Stelle ein neues, besseres zu errichten. Damals muß die Redewendung entstanden sein, mit der noch im heutigen Schwedisch der Besuch einer Freikirche oder eines Gewerkschaftstreffens angekündigt wird: *»att gå på möte«*, »zu einem Treffen gehen«.

Mehr als dieser lakonischen Formulierung bedarf es nicht, um sich darüber zu verständigen, daß dieser Termin einer höheren Bestimmung gewidmet ist.

Mit der neuen Art schließlich, auf dem eigenen Acker zu siedeln, entwickelte sich das engmaschige Netz der Straßen und Wege, die wie mit dem Lineal gezogenen Wege an den Grenzen. Die Weiden verschwanden, die Haine, die letzten Wälder wurden abgeholzt, Sümpfe und sogar Seen trockengelegt. Die Störche kamen nicht mehr, die Hasen zogen im neunzehnten Jahrhundert ein und im zwanzigsten Jahrhundert wieder fort, weil ihnen das Futter zu eintönig und die Deckung zu spärlich wurde, Lerchen und Spatzen wurden zu seltenen Vögeln. Vor allem aber verbreiteten sich die alleinstehenden, weißen, im mehr oder minder geschlossenen Geviert angelegten Höfe, die wie Muscheln am Strand in der Landschaft liegen. Errichtet sind sie meist aus in der Sonne getrockneten Lehmziegeln oder aus mit Lehm gefülltem Fachwerk, oft ist Stroh ins Mauerwerk eingeschlossen, und mit Stroh und Lehm sind die Häuser auch verputzt. Das Fundament ist aus Findlingen und Feldsteinen gelegt, der Hof mit Kopfsteinpflaster bedeckt. Heimelig wirken diese Gebäude, von denen jeder ein Reich für sich zu sein scheint, und im inneren, dem Wind ganz entzogenen Innenhof blühen südliche Blumen, während die Welt außerhalb immer sehr fremd und fern zu sein scheint.

Zur selben Zeit entwickelten sich die Fischeransiedlungen auf ihrem sandigen, unfruchtbaren Boden von kleinen Häuserhaufen zu richtigen Dörfern, mit eigenen Kapellen – Smygehuk zum Beispiel, oder Mossbystrand, Skillinge oder Brantevik. In jedem von diesen Dörfern ist noch der alte Kern zu erkennen, kleine, weißgekalkte Häuser unter einem Teerdach, in einem scheinbar wilden Haufen ineinandergeschachtelt, um sich gegenseitig vor dem Wind zu schützen. Zwischen den Häusern strecken sich schmale Gassen, mit Steinen gepflastert, die auf den Feldern oder am Strand gesammelt wurden, und in den Fugen wächst das Unkraut. Teertropfen von der jüngsten Dichtung der Dächer ziehen sich über die Gassen, und bei Regen bildet das Wasser, das in keinen Kanal abziehen kann, kleine Bäche. Wenn hier etwas angebaut wurde, dann nur zur Selbstversorgung der Armen, und arm waren die Menschen in diesen Siedlungen. Denn die Fischerei war einst nur ein Nebenerwerb, ein solches Dorf nur eine lose Ansammlung von Hütten, oft eine Art Auslagerung aus den reichen Dörfern auf der Ebene, die sich erst allmählich zu einem eigenen Gemeinwesen entwickelte.

Die früheren Abhängigkeiten von Reich und Arm lassen sich noch an den Ortsnamen erkennen: zu Borrby auf der Ebene gehört Borrbystrand am Wasser, zu Gislöv gehört Gislövshammar, und zu Lilla sowie Stora Beddinge gehört Beddingestrand. Erst durch den Aufschwung der Schiffahrt gegen Ende des neunzehnten Jahrhunderts brachten es diese Ansiedlungen zu Wohlstand, und um den Dorfkern mit seinen flachen Häusern entstanden, immer an der Straße entlang, die »Kapitänshäuser«, aus Ziegeln errichtete, oft eineinhalb- oder gar zweistöckige Häuser mit Erkern und Veranden, wie sie ähnlich in Mecklenburg, in Holstein oder auf Seeland stehen, kleine Monumente der Weitgereisten, der Schiffseigner, Seeleute und plötzlich Arrivierten.

## *Was die Sozialisten wollen*

In Skurup hat sich, nur wenige Male und jeweils für eine kurze Zeit zwar, aber immerhin so, daß man sich an ihn erinnert, einer der größten Helden und Gründergestalten aufgehalten, die es im modernen Schweden gibt: August Palm, ein kleiner Schneidergeselle, ein Stifter der schwedischen Sozialdemokratie. Die Lehrjahre hatte er in Deutschland verbracht und sich sogar in Haderslev bei Schleswig niedergelassen, aber dann war er 1877 wegen politischer Umtriebe ausgewiesen worden, und auch in Dänemark konnte er nicht lange bleiben. Im Herbst 1881 kehrte er nach Schweden zurück, und kurz danach, am 1. November, hielt »der schwedische Bebel«, wie ihn Peter Weiss in der *Ästhetik des Widerstands* nennt, in Malmö den ersten seiner unzähligen politischen Vorträge in Schweden: »Was wollen die Sozialisten?« So aufrührend war der Erfolg, daß er sofort eine Agitationsreise nach Göteborg und Stockholm anschloß, unterstützt von einer Presse, die auf einen solchen Auftritt offenbar nur gewartet hatte. In den beiden Städten hielt der Mann mit dem großen Bart weitere Reden, vor immer größerem Publikum, vor Hutmachern, Tabakwicklern und Korkschneidern und bald auch vor Lehrern und Journalisten. Nach Malmö zurückgekehrt, ließ er sich dort mit seiner Schneiderwerkstatt nieder, um, wie die Tageszeitung ›Nya Skåne‹ schrieb, »werktags seinem Gewerbe nachzugehen und uns am Wochenende den Sozialismus zu lehren«.

In den frühen Jahren des schwedischen Sozialismus war er gelegentlich bei Genossen in Skurup zu Gast, in einem der niedrigen Häuser nördlich des Bahndamms, nicht weit vom Bahnhof. In der Nähe hielt er, vorzugsweise am Sonntagmorgen, zur Zeit der Messe, seine Reden an das Volk, so wie er seine Vorträge in Malmö von einem roh gezimmerten Hochstand aus hielt, der in einen Birnbaum genagelt worden war: »Er, der hinkende Schneidermeister«, so erzählt Peter Weiss diese Geschichte, »allen Proletariern bekannt, donnerte später, in seinem deutsch-dänisch-schwedischen Sprachgemisch, nur noch alttestamentarisch gegen den Sittenverfall, gegen den Alkoholismus an.« Eric Mårtensson, der alte Kustos von Schloß Svaneholm, erzählt noch heute, wie ihm in den fünfziger Jahren der damalige Straßenmeister von Skurup berichtet habe, wie dieser wiederum mehr als fünfzig Jahre zuvor den Schneidermeister Palm auf der großen Wiese vor dem Städtchen erlebt habe, und wie leer an diesem Sonntagmorgen die Kirchenbänke gewesen seien.

Die Botschaft des Schneiders muß mit großer Geschwindigkeit die Gemüter des ganzes Landes ergriffen haben. Deutlich vernehmbar und überaus wirkungsvoll war sie jedenfalls in Landskrona, eine halbe Stunde nördlich von Malmö, wo Selma Lagerlöf an der Mädchenschule lehrte und nebenbei folgende Geschichte schrieb: An einem kalten Tag im Dezember, fünfhundert Kilometer nördlich von Skurup, in den Wäldern von Värmland, legt sich Gösta Berling in eine Schneewehe am Wegesrand. Ein hungriges Mädchen hatte ihm in großer Not den Schlitten anvertraut, ein Sack Mehl hatte darauf gelegen, und beides hatte Gösta Berling bei der ersten Gelegenheit gegen Branntwein eingetauscht. Die schützende Hand hatte Verrat begangen, und Verantwortung muß der irrende Held erst noch lernen. So beginnt *Die Sage von Gösta Berling*, Selma Lagerlöfs schwedischer Bildungsroman. Er endet mit einer Hymne auf die Arbeit, die alle eint und allen dient. »Wir wollen alle gut sein«, schwört das Personal dieses Buches. »Wir wollen von jedem das Beste. Wir wollen keinem schaden.« Der Schmiedehammer schlägt dazu den Takt. Man hätte diesen gemeinsamen Schwur für die Gründung eines sozialdemokratischen Ortsvereins halten können.

Diese Geschichte spielt zu Beginn des neunzehnten Jahrhunderts, als Schweden eines der ärmsten Länder in Europa war. Geschrieben wurde sie etwa siebzig Jahre später, zur Zeit der Industrialisierung, und als sie im Jahr 1891 veröffentlicht wurde, galt sie der moralischen Belehrung eines ganzen Volkes. Damit auf keinen Fall verlorengehe, was aus einem Buch ins Leben mitzunehmen sei, gab Selma Lagerlöf im letzten Abschnitt des Buches die Botschaft noch einmal gesondert mit: *»hur en man skulle kunna vara både glad och god«* – »wie ein Mann lernt, unbeschwert zu sein und dabei redlich zu bleiben«. Verwirklicht werden sollte dieses Ideal, als die Sozialdemokraten 1932 die Wahl gewannen und Per Albin Hansson, ihr erster Staatsminister, die Nation in ein »Volksheim« zu verwandeln gelobte. Sechs Jahre später wurde der Vertrag von Saltsjöbaden geschlossen. Arbeitgeberverband und Gewerkschaft versprachen, die Löhne nur noch miteinander auszuhandeln. Ein langer Arbeitsfrieden zog ins Land, und aus Schweden wurde eine kleine Industrienation mit einem großen Außenhandel. In den achtziger Jahren, nach einem halben Jahrhundert, wurde dann der Pakt zwischen Arbeitgebern und Gewerkschaften aufgelöst, und seitdem gibt es kein »Volksheim« mehr.

Im Februar 1986, zwei Wochen vor seiner Ermordung, verteidigte der sozialdemokratische Premierminister Olof Palme eine Politik, die Sicherheit vor den Unwägbarkeiten jedes einzelnen schwedischen Lebens versprach: »Sie nimmt uns die Furcht vor dem Unerwarteten, das kommt, um unser Leben und unsere Träume zu zerstören. Sie geleitet uns zum Lichten und zum Guten. So gewinnen wir Zeit und Kraft, um uns dem anderen zu widmen. Wir fühlen uns geborgen, wir sind von der Lähmung durch die Furcht befreit. Dann wächst die Lebensfreude und breitet sich aus, in uns selbst wie vom einen Menschen zum nächsten.« Weit mehr als die Sorge um das Wohl der Armen und Schwachen spricht aus diesen Worten der Wunsch nach einem Ausschluß der Sorge, die sich durch das Schlüsselloch schleicht, nach einer Gesellschaft, zu der nicht nur Mangel und Not, sondern auch die Schuld keinen Zutritt mehr hat. Der freie Wettbewerb sollte zwar im Lande herrschen. Den Verlierer aber durfte es nicht geben. Zu den Verlierern aber zählt das bäuerliche Land. Dort ist es menschenleer geworden.

Als August Palm in seinen frühen Jahren als schwedischer Agitator vor die Massen trat, muß er einiges falsch verstanden haben. Wieviel, verrät das Manifest, das der Schwedische Sozialdemokratische Arbeiterverbund, eine kleine Organisation in Malmö, im November 1882 als Programm angenommen haben soll. Dabei handelt es sich um eine von August Palm selbst angefertigte Übersetzung eines dänischen Pamphlets, das sich bei näherem Hinsehen als Übernahme des »Gothaer Programms« erweist, der Gründungserklärung der deutschen Sozialdemokratie aus dem Jahr 1875. »Palms Übersetzung war schlecht«, heißt es im ersten Band der *Geschichte der schwedischen Arbeiterklasse* von 1941, »in mehreren Punkten direkt falsch, und es gibt keinen Anlaß, in den Details nach genauer gefaßten Gedankengängen zu suchen«. Tatsächlich spricht August Palm davon, daß die Kapitalisten sich seit Jahrtausenden des Arbeitsertrags bemächtigen, während es auf dänisch nur heißt, daß sie sich des Ertrags der Arbeit von Tausenden von Jahren bemächtigen. Auch sagt er, daß der Überschuß aus aller Produktion Gemeineigentum werden solle, während in der dänischen Vorlage steht, daß alle Produktionsmittel Gemeineigentum zu sein hätten.

August Palm aber war einer der erfolgreichsten Redner, die es in der schwedischen Sozialdemokratie je gegeben hat. Daß er so erfolgreich war, kann nur bedingt etwas mit guten Argumenten zu tun gehabt haben. Um so mehr aber mit dem Ideal, *»hur en man skulle kunna vara både glad och god«* – »wie ein Mann lernt, unbeschwert zu sein und dabei redlich zu bleiben«, und diese Botschaft braucht weder Argumente noch historisches Wissen. Man muß einfach an sie glauben.

Die Maschinen kamen spät bei den Bauern Schonens an, aber als sie die Provinz erreichten, in den Jahren nach dem Zweiten Weltkrieg, taten sie es um so nachhaltiger. Mit der über lange Zeit mühsam aufrechterhaltenen kleinen Landwirtschaft war bald ein Ende. Überall nun sind verlassene Höfe zu finden, und sie reduzieren sich auf sonderbare Weise, so daß von einem Vierseithof am Ende nur noch eine Seite, nämlich das Wohnhaus steht, und dieses allein wird zum Sommerhaus umgebaut. Die Höfe verwandeln sich von einem geschlossenen Viereck in einfachere Linien zurück, zuerst in ein »U«, dann in ein »L« und am Ende in ein »I«. Die letzte, noch halbwegs zahlreiche Generation von Kleinbauern ist in den siebziger, achtziger Jahren verschwunden. Und die wenigen, die jetzt dort noch ihre Höfe bewirtschaften, werden die letzten sein, die das tun. Die großen Höfe werden nun statt dessen in Gestalt von Kapitalunternehmen betrieben, auf unendlich großen Flächen, und die Steine an den ehemaligen Grenzen der Felder und Besitztümer sind längst untergepflügt.

Die verbliebenen Kleinbauern sind Sonderlinge geworden, und überhaupt ist die Gegend reich an wunderlichen Figuren. Die jungen Männer und die Frauen, alle außer den wirklich alten, ziehen in die Stadt. Zurück bleiben die Verlassenen, die Junggesellen, die merkwürdigen und häßlichen Kerle, die keine Frau abbekommen haben und keine mehr gewinnen werden. An der alten Straße zwischen Östra Hoby und Skillinge, nicht weit vom Meer, sieht man einen Hof liegen, der von so einem Mann, aus dem nie etwas geworden ist, bewohnt wird. Manchmal trifft man ihn, den die Nachbarn Jens-Ove nennen, wie er auf einem alten, früher einmal hellblauen Moped, einem *Monark Blue Stinget*, ins Dorf fährt, mit wildem grauem Haar und langem Bart, in einem fleckigen, an vielen Stellen zerfetzten Arbeitsanzug. Nie sah man jemanden so auf einem Moped mit einem Zweitaktmotor sitzen, den verwahrlosten Mann in einer merkwürdig gebückten, verrenkten Haltung, den Rumpf weit zur einen Seite hinausgeschoben, während er beide Beine auf der anderen hält, als sitze er in großer Furcht im Damensattel und reite ein scheues Pferd. Seine Eltern, Großbauern, hatten ihm, so berichten die Einheimischen, einen ihrer Höfe zur Bewirtschaftung überlassen, und er richtete sich nach eigenem Vermögen mit einer Schafzucht darin ein, verstellte sich die freie Fläche vor dem Haus mit allerlei rostendem Gerät, und aus dem Fenster seines Schlafzimmers schaut hin und wieder eines seiner Tiere.

Gäbe es die Sommergäste nicht, so wäre diese Landschaft längst an den Rand des Vergessens geraten und ganz der großen Landwirtschaft überlassen – wie sehr, das läßt sich an den Häusern in einiger Entfernung zum Meer erkennen, an Häusern, die noch nicht in ästhetische Projekte verwandelt worden sind, an den vielen schmucklosen Gebäuden, in denen Einheimische wohnen, an den billig renovierten alten Einfamilienhäusern, deren Fachwerk oder Ziegelwände mit grauen, von schmutzigen Schlieren überzogenen Eternitplatten verkleidet sind. Vor ihnen erstrekken sich groteske Vorgärten, sauber geschnittene Rasenflächen mit akkurat gezogenen Rändern, die mit grünen Kunststoffstreifen vor wucherndem Bewuchs geschützt werden. Und in den Beeten stehen Rhododendren. Diese einfachen Häuser erwecken den Eindruck großer Gleichgültigkeit gegenüber der Landschaft, und die scheinbar neueren, prächtigen, mit Fassaden aus weiß glasierten Ziegeln mitten in der völligen Verlassenheit errichteten Bungalows stehen ihnen jedenfalls in dieser Beziehung nicht nach. Aber noch im häßlichsten dieser Gebäude liegt etwas Unangefochtenes, und auch in den Menschen. Und all diese Häuser sind über eine weite Fläche verteilt, kleine, aber deutlich markierte Punkte, denen offenbar eine Daseinsberechtigung zugesprochen ist, die durch nichts geschmälert werden kann.

In den alten Gebäuden, wenn sie noch wie alte Häuser aussehen, wohnen dagegen die alten Leute. Sie klammern sich an ihnen fest wie Kapitäne auf untergehenden Kuttern, und Kurt Wallanders Vater auf seinem Hof zwischen Löderup und dem Meer scheint unter ihnen keine Ausnahme zu bilden. Wenn sie dann fort sind und das Haus nahe genug an der Küste liegt, dann kommt einer der vielen kleinen Bauunternehmer dieser Gegend, reißt den Linoleumfußboden heraus und ersetzt ihn durch Dielen aus Fichtenholz, tauscht die Fenster aus Kunststoff, die in den siebziger Jahren eingesetzt wurden, gegen solche aus

Holz, mit Sprossen, selbstverständlich, und wo geblümte Tapeten waren, einst der Stolz einer Bauern- oder Fischerfamilie, die Befreiung vom reinen Material durch den Schmuck, wird Rauhputz aufgetragen und weiß gekalkt – eine Reminiszenz an das Ideal der Reinheit und Keuschheit eines schwedischen Klassizismus, der in diesen einfachen Häusern gewiß nie daheim war. Und nun ziehen Leute ein, die hier immer noch »sommarfolk«, »Sommerleute« oder »Sommergäste«, genannt werden. Das alte Haus hat sich in einen Zweitwohnsitz verwandelt, ist teurer als alles, was sich ein gewöhnlicher Einheimischer je wird leisten können – und der muß darüber hinaus für den Gast büßen, weil dieser mit dem Umbau die Grundsteuer emporgetrieben hat.

## *Wovor sich schwarze Ratten fürchten*

Was haben Fremde überhaupt in dieser Gegend verloren? »Im südöstlichen Schonen, nicht weit vom Meer liegt eine alte Burg, die Glimmingehus genannt wird«, heißt es in *Nils Holgerssons wunderbarer Reise* zu Beginn des vierten Kapitels. »Sie besteht aus einem einzigen hohen, großen und starken Steinhaus, das über die Ebene meilenweit zu sehen ist. Es ist nicht mehr als vier Stockwerke hoch, aber es ist so gewaltig, daß sich daneben ein gewöhnliches Wohnhaus, das auf demselben Hof steht, wie eine Puppenstube ausnimmt.« Errichtet wurde die mächtige Anlage vom dänischen Reichsadmiral Jens Holgersson Ulfstand, dem Befehlshaber der dänischen Flotte, mit Hilfe eines Baumeisters aus Düren um 1500, ein schlichtes Gebäude mit nur einem Eingang und einem ausgetüftelten inneren Verteidigungssystem. Nur ein Wassergraben zieht sich um die Burg, denn auf eine äußere Befestigung konnte Jens Holgersson Ulfstand, der »Wolfszahn«, der Herr der Ostsee, der Mann, der Wismar, Livland, Warnemünde, Rügen geplündert hatte, verzichten: Er hatte ja die weite Sicht, über die Felder, über das Meer, bis hinüber nach Bornholm.

Menschen haben in dieser Burg wohl nie gelebt, nicht nach ihrer Fertigstellung, nicht im späten neunzehnten Jahrhundert, und nun ist sie schon seit vielen Jahren ein

Museum. Selma Lagerlöf aber ließ auf dem Dach ein Storchenpaar wohnen, auf dem Speicher ein Paar Waldkäuzchen, in den Geheimgängen sollen Fledermäuse gehangen und im Herd in der Küche soll eine alte Katze gelebt haben. Und unten im Keller hausten, so erzählt Selma Lagerlöf, einige Hundert der alten Schwarzratten. Es seien die letzten einer einst großen, tapferen, zähen und dennoch aussterbenden Rasse gewesen. An jenem Frühlingsabend, an dem sich dieses Abenteuer zutrug, hatten die meisten Schwarzratten die Burg verlassen, denn auf dem Kullaberg, der bewaldeten Anhöhe hinter Ängelholm ganz im Westen Schonens, war die große Versammlung der Tiere anberaumt, mit der auch die Rückkehr der Zugvögel gefeiert werden sollte. Zurückgeblieben war nur ein Dutzend Ratten mit schiefgewachsenen Zähnen und tränenden Augen. Als der Abend hereinbrach, saßen sie verzweifelt neben einem schlafenden Storch, den beiden Eulen und der alten Katze auf dem Rand des Storchennestes und ließen die zerzausten Köpfe hängen.

Sie warteten auf den Angriff der Grauratten. Und die Feinde kamen, über die Äcker und Wiesen, über die Steinwälle, die, als die Nager hinüberkletterten, plötzlich wirkten, als wären sie lebendig geworden. Die Grauratten gelangten zur Burg, fanden ein Loch, das hineinführte, und bauten, weil die Öffnung für sie zu hoch lag, eine Räuberleiter. Und so drangen sie in den Keller vor, in die Küche, in die geheimen Gänge, in die Schlafgemächer des Fürsten bis hinauf in den Kornspeicher. Erfolgreich waren die grauen Ratten, verschlagen und von Mensch und Tier gefürchtet wegen ihrer Bosheit und Kraft. Denn die grauen Ratten kamen nicht aus Schweden, sie waren Zugereiste, Eindringlinge, Fremde. »Sie stammten von ein paar armen Einwanderern ab, die vor vielleicht hundert Jahren in Malmö von einem Lübecker Schiff aus an Land gingen. Diese Ahnen waren heimatlose, verhungerte Habenichtse, die im Hafen blieben, unter den Pfählen an den Landungsbrücken herumschwammen und den Abfall fraßen, der ins Wasser geworfen wurde.« Aber langsam arbeiteten sich die grauen Ratten voran, eroberten erst die verfallenen Gebäude, die Rinnsteine und Müllkippen und vertrieben dann die Schwarzratten aus den Dachböden, Kellern und Speichern, ließen sie verhungern oder bissen sie tot. »Und als Malmö erobert war, zogen sie in großen und kleinen Scharen aus, um das ganze Land zu erobern.«

Im Jahr 1986 fragte *Invandrarverket*, die schwedische Einwanderungsbehörde, beim Gemeinderat von Sjöbo an, ob man dort gewillt sei, fünfzehn Flüchtlinge aus dem Libanon aufzunehmen. Sjöbo, ein großes Dorf dreißig Kilometer nördlich von Ystad, sechzig Kilometer von Glimmingehus, jenseits der Schlösser Krageholm und Knogeholm schon fast am Rand der großen Ebene gelegen, ist eine Kommune von knapp zwanzigtausend Einwohnern. Sie sind auf eine Fläche verteilt, die von einem Ende bis zum anderen siebzig Kilometer mißt. Der Gemeinderat beriet. Dann weigerte er sich, angeführt von einer Handvoll wohlhabender Bauern. Vor allem der Kommunalpolitiker Sven-Olle Olsson wurde zum Volkshelden – und Sjöbo damit zum Schandfleck unter allen schwedischen Gemeinden: »Erschreckt es euch nicht ein wenig«, fragte er öffentlich, »daß diese Menschen aus wildfremden Kulturen kommen, mit einer fremden Religion, fremder Denkungsart, fremden Handlungsmustern? ... Zu unserem Handlungsmuster gehört es zum Beispiel, daß wir wie heute abend debattieren, diskutieren, argumentieren und sogar demonstrieren. Aber wir ersetzen das nie durch Gewalttaten, Drohungen oder Mord. Und doch ist das ein Handlungsmuster, das es in einer ganzen Reihe von Ländern gibt. Und was läßt euch glauben, daß diese Menschen über Nacht ihren Charakter ändern?«

Ein paar Wochen später saß Sven-Olle Olsson auf seinem Acker bei Sjöbo auf dem Traktor, die Schirmmütze schlapp und schräg über den großen runden Kopf gezogen, und schaute bei laufendem Motor auf das Kamerateam der Abendnachrichten herunter, das dem nationalen Publikum einen eingeborenen Rassisten vorführen wollte. Nein, er komme nicht herunter, sagte er voller Verachtung. Ein paar Stunden später, nach der Sendung, war er von Haparanda im äußersten Norden bis nach Ystad ein berühmter Mann: »Svin-Olle«, hieß Sven-Olle Olsson darauf in der schwedischen Boulevardpresse, in den Zeitungen wie ›Aftonbladet‹ und ›Expressen‹, wenn auch stets in Form eines Zitats. Und dieser »Schweine-Olle« sah sich herausgefordert. In den Wochen nach diesen Ereignissen ergriff er die Initiative zu einer Volksabstimmung, die, im Herbst 1988 unter lebhafter Anteilnahme einer ganzen kopfschüttelnden Nation veranstaltet, von den Gegnern der schwedischen Asylpolitik gewonnen wurde. Sven-Olle Olsson wurde vom »Zentrum«, der Bauernpartei, der er seit einer Tanzveranstaltung in seiner Jugend angehört hatte, ausgeschlossen und gründete seine eigene Partei. Unterdessen predigte der Pfarrer von Skurup in einer leeren Kirche, denn er hatte im Gottesdienst für die Aufnahme der Flüchtlinge gesprochen. Sven-Olle Olsson ist nun ein schwedischer Held, ein Mann, der sich nichts sagen läßt, schon gar nicht aus Stockholm. Sjöbo hingegen gilt als verdammter Ort, auch wenn all diese Beschlüsse längst revidiert worden sind und Sjöbo in einer streng gewordenen schwedischen Ausländerpolitik keine Ausnahme mehr darstellt. Und in keiner anderen schwedischen Gemeinde, so fanden die Historiker bald darauf heraus, hatten die Nationalsozialisten von 1933 bis 1945 soviel Unterstützung erhalten wie eben in Sjöbo, und ein schlechter Ruf hängt nach.

Scheu sind nun die Sommerarbeiter, die im Sommer aus Polen herüberkommen. Aber waren sie das nicht, seitdem es sie gibt? Jeder weiß, daß sie da sind, daß sie die Häuser streichen und die Kartoffeln ernten, daß sie Steine schleppen, Blaubeeren pflücken und Pilze sammeln, ohne Papiere, ohne Versicherung, ohne Arbeitserlaubnis, zu Hunderten, ja Tausenden. Und jeder weiß auch, daß sie sofort verschwinden, wenn man nach ihnen sucht. Nur vor der Fähre, die von Ystad nach Swinemünde geht, lassen sie sich dann erkennen, vor der Rückkehr, in ihren kleinen, alten, hoch über den Dachgepäckträger beladenen Automobilen.

Das Wasser der Ostsee ist unterdessen wieder kalt geworden. Es riecht nach Tang, nach Hering, auch nach Diesel, und die Kutter, die in den Häfen liegen, oft wochenlang, tragen exotische Namen, heißen *Crosby*, *Silver Moon*, *Laguna* oder *Zaima*. Manchmal kommt die Besatzung und läßt eine ganze Nacht lang die Motoren laufen, aber wozu? Denn gefischt wird sowieso immer weniger, und das soll an den Dänen, den Deutschen, den Polen oder an irgendeinem anderen liegen, der diese Gewässer mit seinem Trawler durchfährt. Der Wind ist ein ständiger Begleiter, und wenn er aus dem Osten kommt, was er nun oft tut, dann ist er schon wieder von der kalten, feuchten, unangenehmen Art. In den Dünen liegen die Vogelschauer mit ihren großen Ferngläsern. Aber sie sehen viel weniger Zugvögel, als sie vor hundert Jahren gesehen hätten, als Selma Lagerlöf das Märchen von Nils Holgersson schrieb. Denn auf der großen Ebene finden diese Tiere schon lange keinen Unterschlupf mehr.

## *Und weiter sind wir nie geflogen*

Von Günter Grass gibt es ein Gedicht über die Ostsee, das in wenigen Worten eine Stimmung zusammenfaßt, die dieses Meer kennzeichnet – dieses gemäßigte Meer, das lange Zeit gar keines war, sondern ein Binnensee, der erst allmählich zum Meer wurde, als sich vor ein paar tausend Jahren zwischen Seeland und Schonen der Wasserspiegel hob und der Westwind das Salzwasser in Richtung Baltikum trieb: »Wie macht die Ostsee«, lautet die Frage des Gedichts, gleich darauf kommt die Antwort »blubb, psch«, denn so schlappen die Wellen an den Strand, und so ist es oft. Von Tomas Tranströmer, einem schwedischen Lyriker, gibt es ein anderes, großes Gedicht von der Ostsee:

Ich gehe am Strand entlang. Es ist nicht so, wie es einmal war, am Strand entlangzugehen.
Zu vielem muß man sich öffnen, zu viele Gespräche auf einmal führen, man hat dünne Wände.
Jedes Ding hat hinter dem gewohnten Schatten einen neuen Schatten bekommen,
und man hört ihn schleifen, auch wenn es ganz dunkel ist.

Was ist dieses Meer? Es ist etwas Mächtiges, Weites, Fließendes, sich unablässig, aber in bescheidenem Maßstab Veränderndes. Mannigfaltig, aber überschaubar sind die

Bewegungen eines kleinen und wenn nicht kalten, so doch kühlen Meeres, und auch seine Küste ist eine Art Grundmuster des Lebens, gerade weil die großen Perspektiven fehlen. Nichts als Sand, Felsen und Meer gibt es dort zu sehen, davor für kurze Zeit die winzigen Gestalten von Menschen und Tieren. Und es ist um so eindrucksvoller, je weiter der Blick reicht, je früher man das Meer sieht, am besten über eine weite Ebene hinweg.

Daß das Licht am südlichen Ende Schwedens etwas von Mittelmeer habe, von Provence oder gar von Kalifornien, ist eine Überzeugung, der eine große Kolonie von Künstlern und Sommerhausbesitzern wenn nicht ihre Existenz, so doch die höheren Weihen ihres Lebens in dieser Provinz verdankt. »*Jag trivs bäst i öppna landskap*«, sang Anfang der achtziger Jahre der Schlagersänger Ulf Lundell, »*nära havet skall jag bo.*« Das heißt auf deutsch: »Ich fühle mich auf dem offenen Land am wohlsten,/in der Nähe des Meeres will ich wohnen.« Und obwohl nicht ganz klar ist, ob Ulf Lundell mit diesen Zeilen tatsächlich den Südosten von Schonen meinte, ist das Lied zu einer Hymne auf die Gegend zwischen Haväng und Kivik geworden. Es dürfte seit seiner Veröffentlichung im Jahr 1982 das meistgesungene skandinavische Volkslied sein. Jeder heitere Schwede beherrscht dieses Lied, vor allem zu später Stunde. Und jeder weiß, wie es weitergeht:

Einige Monate im Jahr,
so daß die Seele Ruhe bekommt.
Ich fühle mich auf dem offenen Land am wohlsten,
wo die Winde härter werden.
Wo die Lerchen hoch am Himmel stehen
und wunderbar singen.
Dort brenne ich meinen Branntwein selbst

und würze mit Johanniskraut
und trinke ihn mit Wohlbehagen
zu Hering und selbstgebackenem Brot.
Ich fühle mich auf dem offenen Land am wohlsten,
in der Nähe des Meeres will ich wohnen.

Und offen ist dieses Land wie kein anderes. Es sind hauptsächlich Eichen, Ulmen, Linden und Haselnußbäume gewesen, die vor Tausenden von Jahren über die Ebenen und in ununterbrochenen Wellen über die leichten Anhöhen und die Senken wuchsen bis hin an das Ufer des Meeres. Als das römische Imperium den Kontinent beherrschte, kamen die Buchen hinzu, und miteinander kolonisierten diese Bäume in unregelmäßigen Mustern den Erdboden. Seit über tausend Jahren wird nun der Wald zurückgedrängt, zuerst im kleinen, mit schweren, geschmiedeten Äxten, durch Brandroden und durch weidendes Vieh. Dann, als die Dörfer nicht mehr wanderten, immer schneller, ausgreifender. Nach Rutger Mackleans Landreform verschwanden die Heiden, Wiesen und Sümpfe. Und nach dem Zweiten Weltkrieg mußten mit dem Einsatz moderner Maschinen auch die Hecken, Gräben, Alleen, die langen Reihen der Weiden und die grauen Wälle aus den von den Äckern aufgelesenen Steinen weichen. Nur an den Ufern liegen noch kleine Wälder, Kiefern auf sandigem Boden, manchmal auch Eichenhaine, und gelegentlich erst in jüngster Zeit wieder aufgeschossenes Gehölz, in dem Krüppelkiefern, Birken und Ginsterstauden durcheinanderwachsen. Und auf den Grabhügeln gibt es dieses Gestrüpp, auf den Totenstätten der Mächtigen aus der Bronzezeit, die dort mit all ihren Gerätschaften und ihrem Schmuck begraben liegen und von denen Hunderte, ja vielleicht Tausende auf die Felder Schonens, vor allem aber auf das Meer herabblicken, so daß zu vermuten ist, die gefallenen oder auch einfach so gestorbenen Helden der Urzeit hätten schon bei ihrer Beerdigung nicht unter lauter Bäumen liegen müssen. Nackt ist diese Landschaft also seit langer Zeit, wenn auch womöglich in vielen Varianten. Und doch scheinen die meisten Schweden nicht zu bedauern, daß der Wald aus dieser Region verschwunden ist.

Das offene Land hat für sie vielmehr eine Bedeutung, die sich einem Besucher aus dem Süden nicht sofort erschließen kann, weil er es dazu von Norden aus betrachten müßte, als das Land südlich der Wälder, das Land des freien, nicht von Ästen und Zweigen behangenen Himmels, als fruchtbare, wärmere und daher menschenfreundliche Gegend – eine Landschaft, auf die nicht nur die Kirchen mit ihren treppenförmigen Giebeln und roten Ziegeldächern, sondern vor allem auch die Windmühlen mit ihren weißen Segeln herabblicken, oder jedenfalls taten sie das bis vor wenigen Jahrzehnten. Diese Idee nicht nur einer schwedischen Provence, sondern vor allem der Teilnahme an einer von Grund auf zivilen Welt ergibt sich durch eine Drehung der Perspektive um hundertachtzig Grad. Es sind die Menschen aus dem Süden, die mit Hans Christian Andersen schwärmen: »Wir verweilen in der dunklen Wildnis der Wälder, wo der große Fluß umgeben zu sein scheint von allem Ernst der Natur« – und das endet dann in den Häuschen, die sich Dänen und Deutsche in der Waldeinsamkeit einrichten, abgeschlossen vom Rest der Welt.

Wer aber hinter dem oder gar im Wald lebt, wer das unendliche dunkelgrüne Meer der Fichten, die kargen Böden, den Granit und die großen Entfernungen hinter sich gelassen hat, der erkennt im freien Feld die Abwechslung. Die offene Landschaft ist für ihn eine fremde, reizvolle Gegend, und hinter ihr ahnt man den Kontinent: »So sieht es aus im Ausland«, rufen die Wildgänse in Selma Lagerlöfs nationalgeographischem Roman von Nils Holgersson, als sie nach einem halben Jahr über Wäldern und Bergen endlich wieder Schonen erreichen, »von der Küste der Ostsee bis hin zu den hohen Bergen, und weiter sind wir nie geflogen«. Daß diese Landschaft vor tausend Jahren urbar gemacht wurde, daß sich hier Menschen niedergelassen haben, um von ihrer Hände Arbeit zu leben, und daß sie dies konnten, ohne beim ersten schweren Winter ihre ganze Existenz in Frage gestellt zu sehen, daß sie hier ein Leben der langen Dauer einrichten konnten – wenn nicht das Wissen darum, dann doch eine Ahnung von dieser Beständigkeit unter milden Umständen liegt der Bewunderung zugrunde, die in Schweden der großen Ebene südlich der heutigen Landstraße 101 gezollt wird. In jedem Norden gibt es einen Süden, und je weiter nördlich man kommt, desto weiter rückt der Süden nach, so sehr, daß einer der berühmtesten Schweden, nämlich August Strindberg, von diesem Landstrich gar als von einem »Peloponnes« spricht.

Ulf Lundell kam aus dem Norden. In Stockholm wurde er Mitte der siebziger Jahre erfolgreich, und zwar als Schriftsteller und Musiker zugleich. Sein Buch heißt *Jack*, und es ist eine von Jack Kerouac und Alan Ginsberg inspirierte, vierhundert Seiten lange Geschichte von einem jungen Mann, ein Roman, der nach billigem Whiskey schmeckt, nach Cannabis und durchwachten Nächten riecht und nach dem Parfüm junger Frauen, die es auf der Suche nach einem wilderen, heftigeren Dasein in die große Stadt und zu den großmäuligen Kerlen verschlagen hat, so als müsse zehn Jahre nach der Zeit demonstriert werden, daß der Traum von einem jugendlichen Aufbruch seine eigenen Manifeste hervorbringen kann. Und jeder, der sich später daran erinnert, hat Mühe, das tatsächlich gelebte vom erschwärmten Leben zu unterscheiden. Und eine Schallplatte machte Ulf Lundell, der junge Mann mit den großen Tränensäcken, zur selben Zeit, und auch sie war schon aus dem Zeug, das man für Hymnen braucht: *Vargmåne* heißt sie, *Wolfsmond*, und wenigstens eines der Stücke darauf, nämlich *Stockholm City*, spielt Ulf Lundell auf seinen Konzerten noch heute. Das Publikum heult auf, wenn es das Lied nach den ersten Akkorden erkennt.

Damals, als das Lied von der offenen Landschaft erschien, zog Ulf Lundell von Stockholm in den Süden von Schonen, in die sanften Hügel von Haväng, und selten wurde der Ortswechsel eines schwedischen Künstlers mehr beachtet als dieser: Er war eine Absage an die Welt von *Jack*, er sollte ein Bekenntnis zu Reife und Unabhängigkeit sein, und der Autor selbst hat keine Gelegenheit ausgelassen, um diese Symbolik zu unterstreichen: »Dieses Lied hat viel mehr erreicht, als irgendein anderes meiner Lieder erreicht hat«, schreibt er im Begleitheft zu einer autobiographischen Anthologie von Schallplatten, »es ist von Olof Palme in öffentlichen Reden zitiert worden, es ist gespielt worden, als Königin Elisabeth ihre Schaluppe vor dem Stockholmer Schloß verließ ... Meinetwegen kann es gerne Schwedens zweite Nationalhymne sein, aber bitte eine alternative, das ist es wert. Und natürlich soll es gesungen werden, soll es laut gesungen werden ..., denn es ist ein Lied über Freiheit, Stolz und Selbstvertrauen, und es ist ein sehr schwedisches, um nicht zu sagen nordisches Lied.« So spricht ein Mann, der gewiß sein kann, die Stimme eines Volkes zu sein, und als eine der großen schwedischen Abendzeitungen im Frühjahr 2002 ihre Leser fragte, welches Konterfei denn die Rückseite einer zukünftigen Euro-Münze schmücken solle, da sollte es nicht das Bild des sorgfältig gekämmten Königs, sondern das des

Sängers Ulf Lundell mit seinem wilden Haar und seinem Zottelbart sein.

Ganz bei sich selbst ist dieser Traum vom schwedischen Süden, wenn er der Apfelplantagen zwischen Haväng und Kivik ansichtig wird. Es gibt diese Plantagen erst seit dem letzten Jahrzehnt des neunzehnten Jahrhunderts, als das erste Experiment mit zweihundert Bäumen wider Erwarten gelang. Durch die höher liegende Ebene von den meist westlichen Winden abgeschirmt, vom nahen Meer gewärmt, wächst hier heute fast jeder zweite schwedische Apfel. Südländischer kann es in Schweden nicht werden, und auch wenn es den Apfelbauern aus Schonen immer schwerer fällt, sich gegen die Ingrid-Maries und die Cox-Oranges aus dem wahren Süden zu behaupten, so werden ihre Gärten doch stehenbleiben, weil es auch im Norden einen Süden geben muß. Unterdessen ist Anders Åkesson, ein Urenkel des ersten schwedischen Apfelbauern, längst fortgeschritten und keltert in den Kellern von Schloß Kronovall einen Champagner – auch wenn er den Grundstoff dazu in Tanks aus Frankreich importieren muß und große Mengen auf ebensolche Weise aus Rheinhessen oder der Emilia Romagna herbeischafft, aber billigen Wein in den viereckigen, gewachsten Papptüten der Firma Tetra Pak aus Lund verkauft. Und als sei das alles nicht genug, hat man bei Skillinge im Frühjahr 2001 ein Kartoffelfeld gepflügt und die ersten zweihundert Weinstöcke eines schwedischen Cuvée gesetzt. Beinahe schade, daß die Zeit von *Jack* vergangen ist.

## *Hüte dich vor den Legenden*

Fünf Straßen führen nach Ystad. Eine kommt von Westen, am Meer vorbei, am Dorf Svarte und einem langgezogenen, im Winter hoch von schwarzem Tang bedeckten schmalen Sandstrand entlang. Drei kommen über die große Ebene, eine von Malmö und vom Flughafen Sturup, die zweite von Sjöbo und die dritte von Tomelilla, und die Straßen senken sich langsam, bis sie am tiefsten Punkt den Bahnhof erreichen, der unmittelbar vor dem Hafen liegt. Die fünfte kommt aus dem Osten. Sie passiert das Schießgelände von Kabusa, über dem das schwedische Militär, wenn es auf Attrappen von Schiffen und Panzern zielt, eine rote Fahne aufzieht, und auf dem Kurt Wallanders große Krise beginnt, weil er im Nebel einen russischen Agenten erschießt. Dann führt die Straße über Nybroå, einen Fluß, an dem manchmal Lachsfischer mit ihren Fliegenruten stehen, und schließlich in einen Kiefernwald. Im Hintergrund ahnt man das Meer, aber im Wald steht auf beiden Seiten der Straße ein Wohnwagen neben dem anderen.

Im Sommer beherrschen auch bei schlechtem Wetter die Badegäste diese Straße zwischen den Campingplätzen, die von einem gelb-weißen Kiosk auf einer kleinen Kreuzung gekrönt wird, einem Feldherrnstand der Würstchenesser und Eisschlecker. Außerhalb der Saison, und dann vor allem nachts, dient die breite, gerade Straße als Rennstrecke: Die »raggare«, Liebhaber alter und starker amerikanischer Automobile, die erstaunlicherweise von Generation zu Generation nachwachsen, erproben hier die Kraft ihrer Motoren auf der kurzen Distanz, mit einem Buick Electra, einem Dodge Dart, einem Ford Mercury aus den sechziger oder siebziger Jahren. Von ihren Taten zeugen nur die breiten schwarzen Streifen abgeriebenen Gummis auf dem Asphalt, denn die Polizei hat sie nicht gesehen, und die Wettfahrt hat mitten in der Nacht stattgefunden. Es passiert nicht viel in Ystad, und die polnischen Lastzüge, die mit der Fähre aus Swinemünde kommen, finden schnell ihren Weg am Wasserturm vorbei hinaus auf die große Ebene.

In den Sommern 1895 und 1896 lebte der Dichter August Strindberg in Ystad, in großer Verzweiflung. »Ich bin das Lamm, über das die Aasgeier herfallen«, hatte er zuvor aus Paris mitgeteilt. Die Literatur war aufgegeben, für immer, wie er bald meinte, obwohl die ersten Monate in Frankreich vom Erfolg seines Dramas *Der Vater* an einer Pariser Bühne und von den Übersetzungen mehrerer Werke ins Französische begleitet waren. Ein halbes Jahr zuvor hatte er Österreich verlassen, den Pilger gespielt, Zuflucht gesucht und Unterschlupf in den kleinen Pensionen gefunden: »Hinter mir habe ich die Hütte am Wegesrand gelassen, die noch nicht geernteten Trauben, ich habe die Tomaten verlassen, die Melonen, die auf ihre Reife warten, und die knospenden Rosen. Zum hundertsten Mal habe ich meinen Ranzen geschnürt und bin ausgewandert, um Arbeit in der großen Stadt zu suchen, auf dem Markt und in der Werkstatt der kämpfenden Hirne, Paris.« Daraus wurde ein ebenso einfaches wie einfach ausschweifendes Leben, ein bißchen Familienanschluß im Hotel, ein Schreibtisch voller Papiere und Gerätschaften, ein eisernes Bettgestell im Alkoven, die Abende mit dem Maler Paul Gauguin oder irgendeinem anderen Bohemien in der »Crêmerie«, dem kleinen Restaurant der Charlotte Futterer.

So, ganz auf sich selbst gestellt, wollte er der Welt ihr Geheimnis entwinden, indem er das, was war, mit ganzer Hingabe zur Kenntnis nahm. Mitten in der Nacht glaubte er, Kohlenstoff im Schwefel zu entdecken und die Naturwissenschaften auf den Kopf stellen zu können. Einen »Dichterchemiker« nannte sich nun August Strindberg. Diesem Vorhaben widmete er den Traktat »Sylva Sylvarum«, den Wald der Wälder, eine Wanderung durch formale Analogien zwischen Frostkristallen und Blumenkohlköpfen, zwischen Schmetterlingsflügeln und Friedhöfen, Sonnenblumen und Gestirnen. Manches darin ist schön und treffend gesehen, doch ist weder Schönheit noch Genauigkeit der Zweck dieses Büchleins. Denn wenn August Strindberg beobachtet, dann entsteht viel mehr als ein Abbild des Beobachteten, und ein Fisch verwandelt sich in das Wesen des Meeres: »Der schattierte Rücken einer Makrele gibt den Wellenschlag wieder, so daß man ihn auf eine Leinwand kopieren und perspektivisch auslegen könnte.« Als es im Sommer 1895 in Paris zu warm wurde, folgte er zum ersten Mal einer Einladung von Anders Eliasson in Ystad, dem Chef des örtlichen Lazaretts – und dem freundlicherweise mitgeschickten Wechsel über dreihundert Kronen: »Hüte dich vor den Legenden«, schrieb August Strindberg zum Dank, »bewahre deinen Glauben an mich, und versuche nicht, störend auf die Freiheit meiner Seele einzuwirken. Denn dann fliehe ich.« In Ystad angekommen, erhielt er von Anders Eliasson eine Küche für seine Experimente zur Verfügung gestellt.

Wer so die Wirklichkeit anschaut, dem verwandelt sie sich in ein Geheimnis zurück, worauf sich die Menschheit in Eingeweihte und Banausen teilt. »Wenn ich sehe, wie mein Kopfkissen menschliche Gestalt annimmt, so gibt es diese Formen tatsächlich, und wenn einer sagt, daß sie sich nur (!) in meiner Phantasie herumtreiben, so antworte ich – Sie sagen ›nur‹. Was mein inneres Auge sieht, das erfaßt mir mehr!« Am 19. Juli 1896, nach einer Nacht der Schrecken, verläßt August Strindberg das »Hotel Orfila« in Paris, seine Pension, erschöpft, verwirrt und vom Verfolgungswahn getrieben. Doch Strindbergs Wahn ist schon gebrochen, der Irrsinn ist bald ausgelebt, die Naturwissenschaft wird ihr Pathos nicht mehr lange behalten, und der Kult der Beobachtung verliert seinen religiösen Eifer. Am folgenden Tag schreibt Strindberg, er habe in der Nacht das Fenster seiner neuen Unterkunft geöffnet, den großen Wagen und den Polarstern gesehen und an die Heimat, an den Norden gedacht. »Die Rettung«, heißt es bald, »durch Arbeit ohne Ehre und Gold, die Pflicht, die Familie.«

Tatsächlich bedeutete diese Rettung zunächst vor allem wieder eine Flucht. Nach Dieppe, zurück nach Paris. Und endlich wieder nach Ystad. Von dort schrieb er am 12. August 1896 wiederum an Torsten Hedlund: »Ein Wort: Haben Sie irgendeine Ahnung, wie ich nach Ystad gekommen bin und warum? Welche Mächte mich hierhertrieben? Hellseherisch fand ich das schließlich, denn das, was in meiner Seele passiert und außerhalb, wagte ich nicht aufs Papier zu bannen, morgen ist der Dreizehnte.« August Strindberg war zum zweiten Mal bei Anders Eliasson untergeschlüpft, und das wird nicht nur an der Fürsorge gelegen haben, die Anders Eliasson ihm gewährte, und schon gar nicht am 1894 fertiggestellten Theater, sondern vor allem an Ystads geographischer Lage – oder besser: am Hafen der Stadt, an der deutlich erkennbaren Möglichkeit, von hier aus nach Deutschland, nach Österreich oder zurück nach Frankreich zu reisen. »Ein Schwede aus dem Norden«, schrieb August Strindberg einige Jahre später, »der, nach mehreren Jahren Aufenthalt in Deutschland und Frankreich, einige Streifzüge durch das südliche und westliche Schonen unternimmt, wird zuerst mit Erstaunen bemerken, daß er nicht zu Hause angekommen ist. Er ist mehrere Tage nach Norden gereist, durch Norddeutschlands triviale Ackerlandschaft, er hat vielleicht Brandenburgs Sandflächen und Mecklenburgs Flachland durchfahren, immer weiter nach Norden, und dann landet er an einem hellen Strand, offen und licht, wo die gelbweißen Kalkfelsen eine Barriere gegen die blauen Wellen des Sunds bilden.« Der Vielgereiste wisse, führte er weiter aus, welche andere Landschaft dieser Gegend gleiche, die einem wahren Schweden »völlig fremd« bleiben müsse: Es sei Nordfrankreich.

Seit 1868 verkehrte von Ystad aus das einzige nach Fahrplan reisende Dampfschiff zum »Kontinent«. Es pendelte auf der Strecke nach Stralsund im ehemals schwedischen Vorpommern. Außerdem besaß Ystad einen Bahnhof. Zwar hatte sich der ursprüngliche Plan, die Hauptstrecke Schwedens, die Bahnlinie aus dem Süden nach Stockholm, von Ystad ausgehen zu lassen, längst zerschlagen. Doch man konnte von hier immer noch nach Malmö fahren. Und nach Eslöv, einem Eisenbahnknoten nicht weit von Lund, zwar auch in Schonen, aber noch ein gutes Stück weiter auf dem Weg nach Stockholm gelegen, und noch zu vielen anderen Orten in näherer und mittlerer Entfernung. Das Eisenbahnnetz hatte sich damals bis zu allen größeren Dörfern auf der Ebene ausgebreitet, bis nach Tryde, Borrby und Brösarp. Mittlerweile ist es längst wieder geschrumpft, auf nur einen Bruchteil seiner maximalen Ausdehnung. Das »Hotel Continental du Nord« gegenüber vom Bahnhof, eines der ältesten Gasthäuser Schwedens, wo August Strindberg seinen Punsch trank und Kurt Wallander zum Essen ging, obwohl er es sich eigentlich nicht leisten konnte, steht indessen immer noch. Im Speisesaal wachsen heute Stechpalmen in Kunststoffkübeln.

In Bildern seiner Zeitgenossen wird August Strindberg gern als einsamer, wenn auch womöglich irrer, aber doch hauptsächlich ganz auf sich selbst bezogener Held dargestellt, und diese Vorstellung ist in die Überlieferung bis heute eingegangen. Aber sie ist zu revidieren: Man muß sich August Strindberg als einen nervösen Menschen vorstellen, dem Eisenbahnen und Schiffe die Möglichkeit gaben, seine Nervosität auszuleben, als einen Mann, der stets mit einem Bein woanders war, als einen frenetischen Besucher von Fahrkartenschaltern und als einen virtuellen Reisenden, der, wenn er die modernen Verkehrsmittel nicht nutzte, ja sie sich vielleicht im Augenblick gar nicht leisten konnte, sie doch in seiner Nähe brauchte. Die Helden Honoré de Balzacs, eines der großen Idole des Schriftstellers Strindberg, beginnen ihre Karrieren in den Dachkammern von Paris und schauen von dort auf die große Stadt hinunter. Sie liegt ihnen zu Füßen, und auch wenn sie kein Geld haben, so ist doch die Möglichkeit da, daß diese Stadt die ihre sein könnte.

So ungefähr muß man sich, fünfzig Jahre nach Balzac, August Strindberg und seine Nähe zu Bahnhof und Fährhafen denken: wie er auf dem Hof von Anders Eliassons vierflügeligem Stadthaus in der Lilla Norregatan mitten in Ystad steht, scheinbar still, aber doch voller Unruhe, ein Gefangener, der auf den Ausbruch wartet. Und die Möglichkeit dazu schon in allernächster Zeit zu erkennen glaubt. Auch wenn es in Ystad einen Polizeikonstabel gibt, der einen zu später Stunde im Nachthemd durch die Stadt irrenden Dichter mit den Worten zur Vernunft bringt: »Jaha, ist das Herr Strindberg, der hier draußen herumgeht?«

»Ganz im Süden von Schweden liegt die kleine Stadt am Meer«, heißt es in August Strindbergs poetischem Rechenschaftsbericht aus jener Zeit, »ein altes Piraten- und Schmugglernest, das exotische Spuren aus allen Teilen der Welt bewahrt, gezogen von weitgereisten Seeleuten.« Den Holzschuppen im Hof des Hauses, in dem er in Ystad wohnte, eben des Bürgerhauses seines Freundes Anders Eliasson, verglich er spöttisch, nein: mißtrauisch mit dem Grab des Tamerlan in Samarkand – und dieser Mongolenfürst, der auf seinen Raubzügen im vierzehnten Jahrhundert bis nach Delhi und Moskau gekommen war, hatte immerhin seine Hauptstadt mit den geraubten Schätzen zu einem der prächtigsten Orte der Welt gemacht. »Eine apathische Schildkröte kriecht über das Pflaster und verschwindet in dem Nirwana unendlich sich hinziehenden Unkrauts.« Und viertelstündlich blies der Türmer auf der Kirche St.a Maria am Marktplatz in sein zerbeultes Kupferhorn, in jeder Nacht von neun Uhr fünfzehn bis um drei Uhr, so wie er es auch heute noch tut, als lebende Uhr und Feuerwacht zugleich.

August Strindberg war ein Mann mit einem doppelten Gesicht. Das eine wandte sich der modernen Welt zu, es war klug und nüchtern, es interessierte sich für die Sozialdemokratie und die Reportage. Mit diesem Gesicht war der Schriftsteller Mitte der achtziger Jahre in die französische Provinz gereist, um zu berichten, wie es dort aussah, um die Landschaft zu beschreiben, das Gerede der Leute aufzuzeichnen, die Weinernte auszumessen und die Enten zu zählen. Man hätte sich August Strindberg vorstellen können, wie er in Schonen eine ähnliche Aufgabe übernahm. Das andere Gesicht aber zeigte in Richtung Esoterik, Mystik, Fotografie, Gespensterkunde, und in Ystad scheint er nur dieses getragen zu haben – oder besser: scheint ganz und gar damit beschäftigt gewesen zu sein, es abzustreifen und ein neues, drittes Gesicht zu gewinnen. Denn während seines Aufenthalts in Ystad scheint er sich hauptsächlich mit der Verschwörung beschäftigt zu haben, von der er meinte, daß Anders Eliasson sie gegen ihn angezettelt habe, indem der Arzt etwa die Sprungfedern seines Gästebettes als elektrische Konduktoren einsetzte. Und der Grund der ganzen Niedertracht? Strindberg glaubte, in seinen chemischen Experimenten Gold hergestellt zu haben, und er fürchtete, es gehe seinem Wirt vor allem um dieses Geheimnis.

Am 23. August schrieb August Strindberg wieder Briefe, immer noch aus Ystad. »Ich ersticke immer noch und muß zu den Bergen und der Sonne, um atmen zu können. Das Meer haßt mich nunmehr! Eine andere Sache! Sie sagten neulich, man suche: den Zola des Okkultismus. Da fühle ich einen Ruf. Aber im großen hohen Tone. Ein Poem in Prosa: Inferno.« In Ystad hat August Strindberg den Plan für dieses Buch entworfen, eine Art Rechenschaftsbericht über die Zeit zwischen der Trennung von seiner Frau Frida im Herbst 1894 und dem Sommer 1897, als er darüber nachdenkt, ob er nicht doch in ein Kloster gehen solle, ein Dokument über »die große Krise mit fünfzig Jahren« und die »Revolution im Seelenleben«, und Anders Eliasson, der mutmaßliche Teufel, ist in diesem Bericht ebensowenig ausgespart wie in dem wenig später verfaßten Theaterstück *Nach Damaskus*. August Strindberg wurde danach mehr oder minder seßhaft, und gewiß nicht im Kloster. Er ließ die okkulten Wissenschaften hinter sich, verzichtete auf die Rolle des »Gesetzlosen« im Ausland und blieb in Schweden. Einmal nur noch fuhr er nach Paris, aber es war ein Abschied, und das wußte er.

Anders Eliasson, der kluge, ein wenig zynische, aber durch und durch gutmütige Arzt, blieb verbittert zurück. »Wer ist es, was ist es, das Dir den blinden Haß eingeflößt hat, der unser altes Verhältnis so verzerrt hat«, fragte er in einem wahrscheinlich nie abgeschickten Brief an Strindberg. Der Dichter selbst schrieb hingegen wieder Reportagen: Ein paar Monate nach seiner endgültigen Rückkehr nach Schweden verfaßte er für eine Zeitung in Malmö eine Reihe von Reiseberichten – unter dem Titel *Skånska landskap*, »Landschaften in Schonen«. Als einzige Überspanntheit findet sich darin die Behauptung, ein paar ungewöhnliche Steine in der Nähe von Ystad seien in Wirklichkeit heidnische Götterbilder: »Reste dürften sich in der Erde befinden, selbst wenn sie aus Holz waren.« Als Anders Eliasson drei Jahre später starb, schickte Strindberg einen Kranz, ohne mit dem ehemaligen Freund je wieder ein Wort gewechselt zu haben. In Ystad zurück ließ Strindberg, versteckt in einem Geheimfach des von ihm benutzten Sekretärs, nur ein paar bräunliche Zettel. Er hatte einen Satz darauf notiert: »*C'est de l'or*«, »es ist Gold«. Der Öffentlichkeit zum ersten Mal gezeigt wurden die Zettel mehr als dreißig Jahre später in einer Ausstellung zum Thema »Freizeit« – und zwar in der Hobbyabteilung.

# *Ein Mensch muß sich bewegen*

In jenem Jahr 1896, als August Strindberg zum zweiten Mal in Ystad weilte, vielleicht ein wenig später, muß die Zukunft der Stadt entschieden worden sein. Denn am Rande hatte diese Stadt schon immer gelegen, und es sind immer nur Ereignisse von geringer Zuverlässigkeit und Dauer gewesen, die sie bedeutend machten: die Heringe im dreizehnten und vierzehnten Jahrhundert, zu Zeiten der Hanse, diese unermeßlich großen Schwärme, die an den Küsten der Ostsee vorbeizogen, so daß man vom Ufer aus mit der Hand in sie hätte hineingreifen können, denn es soll keinen Platz mehr gegeben haben zwischen all diesen silbrig glitschigen Leibern, und ihr Fang soll einer Ernte geglichen haben. Dann blieben die Fische fort, aus Gründen, die man heute noch nicht kennt. Später wurde Ystad dann der Hafen, von dem aus man nach Deutschland, oder zunächst besser: zu den schwedischen Provinzen auf der anderen Seite der Ostsee, nach Vorpommern, übersetzte; das Postschiff nach Stralsund war über zwei Jahrhunderte die einzige regelmäßige Verbindung zwischen Schweden und dem Ausland. Und schließlich profitierte die Stadt für ein paar Jahre von der Kontinentalsperre, die Frankreich im Jahr 1806 gegen britische Waren verhängt hatte und der Schweden sich nur mit Verzögerung und dann auch nur halbherzig anschloß. Vor allem wegen des

Hafens war Ystad Garnisonsstadt, stolz auf das Schonische Dragonerregiment in seinen blauen Uniformen, einst die größte Kavallerieeinheit Europas. Doch die Fährverbindung nach Deutschland ging 1897 an Trelleborg verloren, eines neuen, besseren Hafens wegen, und die seit 1962 verkehrenden Automobilfähren nach Bornholm oder nach Swinemünde konnten diesen Verlust nicht ausgleichen – und noch heute besitzt Trelleborg große Industrieanlagen, wie die seit 1905 bestehende Gummifabrik, bei der sich Kurt Wallander während seiner schwärzesten Tage als Polizist für den Sicherheitsdienst bewerben möchte. Ystad hingegen verlor immer mehr an Bedeutung, auch wegen der Eisenbahn, die bald bis nach Simrishamn reichte, in Tomelilla und in Sjöbo aus Dörfern kleine Städte werden ließ und die Gravitationspunkte in dieser Landschaft so sehr verschob, daß Ystad immer weiter an den Rand rückte.

Das Dragonerregiment wurde nach dem Ersten Weltkrieg aufgelöst, und nicht einmal von der Industrialisierung der Landwirtschaft konnte Ystad in größerem Umfang profitieren, denn längst war Malmö auf Getreide- oder Rübentransporte besser eingerichtet. Auf einer Liste, die 1850 über die größten schwedischen Städte geführt wurde, stand Ystad auf dem 14. Platz. Hundert Jahre später war die Stadt auf den 57. Rang gesunken. Als Ystad von Juni bis August 1936 die Ausstellung »Fritiden«, »die Freizeit«, ausrichtete, die erste ganz der Freizeit gewidmete Ausstellung der Welt, müssen die Verantwortlichen geahnt haben, welche Richtung es mit ihrer Stadt genommen hatte, seitdem um die Jahrhundertwende das »Hotel Saltsjöbad« am Strand hinter dem Hafen den Wettbewerb mit dem mondänen französischen Seebad Trouville hatte aufnehmen wollen. »Fritiden« war eine Konsequenz aus der sich über Jahrzehnte hinziehenden Auseinandersetzung um eine Begrenzung der wöchentlichen und täglichen Arbeitszeit, um bezahlten Urlaub, Pausen und freie Tage. Damals entstand das Kunstmuseum von Ystad und »Bollen«, die Sporthalle in Form eines Bogens gleich hinter der großen Straße, die Stadt und Hafen trennt. Denn die Ausstellung war eine Huldigung an den menschlichen Körper in Bewegung. Und tatsächlich hat die Ausstellung Schule gemacht: Seit den fünfziger Jahren jedenfalls ist Ystad immer mehr zu einer Gesundheitskolonie und Sommerstadt geworden. Die letzte militärische Einheit hat die Stadt im Jahr 1997 verlassen, in den Kasernen hat man Wohnungen und ein Kino eingerichtet, und der größte Arbeitgeber der Stadt ist nun das Krankenhaus.

Daß Ystad das Altertümliche bewahrt hat, seine dreihundert Fachwerkhäuser, das Kopfsteinpflaster, die roten Ziegelmauern, den Dorfteich mit den Enten im ehemaligen Klostergarten mitten in der Stadt, ist dieser Lage am Rande der belebten Welt zu verdanken. Unter dem Rathaus ein Keller, in dem man Entrecôte mit Béarnaisesauce serviert bekommt, oder eine gebratene Scholle mit Salzkartoffeln. Ein Teller vom Salatbüffet und eine Flasche Leichtbier sind im Preis für ein Mittagsgericht inbegriffen. An der nördlichen Seite des Marktes liegt eine Buchhandlung, in der es von Jahr zu Jahr weniger Bücher, aber um so mehr Schmuckbänder, vorgedruckte Grußkarten und Kalender zu kaufen gibt. Ein Radiogeschäft, das für Parabolantennen wirbt, der »Sports Channel« gehört zum Abonnement. Kurt Wallander erkundigt sich dort nach einer Stereoanlage, um darauf Puccinis *Turandot* zu hören oder Verdis *La Traviata*, großartige, überwältigende Inszenierungen des Entlegenen und Unwahrscheinlichen, während es die meisten Bürger von Ystad doch eher mit Jon Bon Jovi und Roxette zu halten scheinen.

Noch ein Restaurant, diesmal ein chinesisches, eine Bank und ein Supermarkt. Eine Einkaufsstraße, deren Schaufenster etwa zu gleichen Teilen von Kleiderhändlern, Immobilienmaklern, Imbißwirten und Verkäufern von Geschenkartikeln belegt werden. Eine Apotheke und »Systembolaget«, das auf staatliche Rechnung betriebene Geschäft für Bier, Wein und Spirituosen. Das ist Ystad. Es gibt hier keine Not, kein Elend, und die einzige Straße, die ein wenig schmutzig ist und an eine alte Hafenstadt erinnert, ist eben jene »Mariagatan« im Osten der Innenstadt, die um des erfundenen Detektivs Wallander willen zu einer Sehenswürdigkeit geworden ist. Denn der Hafen, eine große, graue, auch schmuddelige und von Kränen und Brücken überspannte Fläche, ist durch die Bahngleise von der Stadt getrennt. Er gehört eigentlich gar nicht mehr zum Gemeinwesen, und nur von ferne sieht man, wenn man nicht selbst damit reist, die Fähren nach Bornholm und nach Swinemünde am Kai liegen.

Ein einziges Mal gab es noch einen großen Aufschwung in dieser Gegend, und die Geschichte dieses Aufschwungs gehört zu den seltsamsten des beginnenden Industriezeitalters. Sie trug sich allerdings nicht in Ystad zu, sondern in den kleinen, ehemals bitterarmen Fischerdörfern an der Ostküste, in Skillinge und Brantevik. Sie machte die Fischer, die bis dahin Überzähligen und aus der Ebene Vertriebenen, zu großen Kapitänen und Händlern der Weltwirtschaft. Diese Fischerdörfer hatten eine erste, zaghafte Blüte erfahren, nachdem 1775 der Handel mit Getreide freigegeben worden war und die Fischer nicht mehr unbedingt von ihren Heringen leben mußten, weil sie mit den Produkten der Landwirtschaft die Küste hinauffuhren, um, die Boote mit Holz beladen, zurückzukehren. Den großen, wenn auch nur kurzfristigen Aufschwung erlebten diese

Dörfer gegen Ende des neunzehnten Jahrhunderts, als die Weltwirtschaft durch eine ihrer heftigen Konjunkturen ging und es nicht genügend Dampfschiffe gab, um all diese Waren zu transportieren. Die neue Technik provozierte auf wunderliche Weise eine Blüte der alten, scheinbar überlebten, aber ausgereiften und verläßlicheren Techniken. Damals investierten die Bürger dieser Fischerdörfer in Segelschiffe, in großem Umfang und, für einige Jahre zumindest, mit großem Erfolg.

In jenen Jahren war der kleine Ort Brantevik an der Ostküste der größte Hafen Schwedens – gerechnet nach der dort registrierten Tonnage. Der natürliche Hafen des Dorfes hätte allerdings damals kaum für ein paar Ruderboote ausgereicht und täte das auch heute noch nicht, wäre nicht eine Mole in das Meer hinausgebaut worden. Hier waren um die Jahrhundertwende hundertundachtzehn Schiffe zu Hause, Schoner, Briggs, Küstensegler, und das größte unter ihnen war die Bark *Gripen* mit über tausend Bruttoregistertonnen. Sie wurde rechtzeitig nach Stockholm verkauft, bevor sie 1918 von einem deutschen U-Boot torpediert wurde und sank. Im benachbarten Skillinge waren es immerhin noch dreiundsechzig Schiffe, auch wenn sie nur selten oder gar nie vor dem Heimathafen auf Reede lagen. Sie alle waren Segler, oft gebraucht in deutschen Häfen erworben. Große Teile der dörflichen Gemeinschaften hatten sich zu Genossenschaften vereint, um Gewinn und Risiko dieser Unternehmungen zu teilen. Oft war das ganze Dorf mit mehr oder minder großen Einsätzen an Erfolg und Mißerfolg eines Schiffes beteiligt, und das Gespräch der Frauen am Brunnen handelte vor allem von Lasten, Positionen und Wetterlagen. Mit dem Ersten Weltkrieg ging diese Periode zu Ende. Die großen Segler verschwanden, manche spurlos und auf hoher See wie im Jahr 1907 der Dreimaster *Caroline* aus Baskemölla, sie gingen unter, wurden versenkt wie die *Gripen* oder weiterverkauft, und die Seeleute mußten sich wieder an ihre Dorsche und Heringe erinnern.

Ein paar Fischer gibt es immer noch, auch wenn sie einem aussterbenden Geschlecht anzugehören scheinen, und immer noch werden einige Schiffe gemeinschaftlich betrieben. In Kivik liegt eine kleine Flotte von Kuttern, in Skillinge auch, vor allem aber in Simrishamn, der dörflichen Hauptstadt des östlichen Küstenstreifens. Einst zählten diese Dörfer zu den bedeutendsten Fischereihäfen des Königreichs, doch nun sind die Schiffe, die ein »SIN« für Simrishamn am Bug tragen, immer häufiger arbeitslos im Hafen vertäut. Ein Fischer könne, so hieß es vor kurzem in ›Ystads Allehanda‹, der Regionalzeitung, für ein Kilo Dorsch der Handelsklasse A Preise von bis zu hundertfünfzig Kronen verlangen. Aber mehr als ein Zeichen des Reichtums ist eine solche Summe ein Zeichen des Mangels. Dorsche, so sagt nun die Fischereikommission der Europäischen Union, sollen hier bald gar nicht mehr gefangen werden, und schon gar nicht mehr solche unter vierzig Zentimeter Länge, denn diese sind noch Kinder und haben sich nicht fortgepflanzt. Heringe sind bis auf weiteres noch erlaubt, aber wer könnte allein davon leben? Und die Aale, die noch gefangen werden, werden in der Nähe des Ufers erjagt und erfordern ganz andere Gerätschaften.

## *Knabe im Wald, entschlüpft dem Sonntagsstaat*

Geradewegs und schnurgerade führt »Österleden«, die Straße von Ystad nach Osten, durch einen Wald aus Kiefern, unter die sich zuerst hölzerne Wochenendhäuser ducken, viele von ihnen aus den ersten Dekaden des zwanzigsten Jahrhunderts, mit weißen Paneelen und Schnitzwerk an Fenstern, Türen und Dachüberständen. Dann folgen die Campingplätze, Hunderte von Wohnwagen, die auch im Winter auf diesem Gelände ausharren, grau angelaufen, von Moos befallen und mit Kiefernnadeln bedeckt. Dann eine kleine Ortschaft, ein Automobilhändler, ein paar an langen Leinen aufgehängte, metallisch rasselnde gelbe und blaue Plastikfähnchen im Wind. Vielleicht eine Pizzeria, möglicherweise von Serben oder Kroaten betrieben, wie so oft um einen Verleih für Videofilme ergänzt. Das Schießfeld der schwedischen Armee schließt sich an. Bei klarer Sicht kann man von hier, weit jenseits von Raps, Weizen, Rüben und grauem Ufer, die dänische Insel Bornholm liegen sehen, einen grauen Küstenstreifen, in dem im Mai der Raps, im Juli der Weizen auf großen Feldern leuchtet, und manchmal reflektiert eine Fensterscheibe in Hasle, einem Dorf an der Nordküste der Insel, das Licht der untergehenden Sonne. In einer klaren Silvesternacht kann man gar das Feuerwerk auf der anderen Seite des Meeres sehen. Dreht man sich aber um und steht auf einem kleinen Hügel, reicht der Blick fast genauso weit, und wieder erblickt man Raps und Weizen. Nie aber ein Feuerwerk.

Ein ehemaliger Hof an der Straße dient der Armee als Gerätelager und Wärmehalle. Die Hauptstraße führt hier weiter nach Löderup und Borrby, nach rechts biegt die Küstenstraße ab, führt über ein paar sumpfige Wiesen, dann an hohen, mit hellem Seegras bewachsenen Dünen vorbei, die sich auf der anderen Seite in einem weiten, leicht landeinwärts geschwungenen Bogen über achtzig Meter steil ins Meer stürzen. Dort oben liegen »Ales Stenar«, »Ales Steine«, eine gewaltige, in den fünfziger Jahren fast unbeschädigt aus dem Sand gegrabene Schiffssetzung aus der späten Eisenzeit, neunundfünfzig hohe Steine auf einer Düne, in Form eines Schiffsrumpfes aufgestellt: in einem langen, an beiden Enden fast spitz zulaufenden, von Südosten nach Nordwesten angelegten Oval, gerade so, daß die eine Spitze auf den Sonnenuntergang am 21. Dezember, die andere Spitze auf den Sonnenaufgang am 21. Juni zeigt. Die Steine erheben sich auf einem Stück Land, das sich, dem Wind aus allen Richtungen ausgesetzt, in die Ostsee hineinschiebt, als hätte dieser Ort eine Herausforderung an die Götter sein sollen, eine Kultstätte der Wikinger, deren Sinn man nicht einmal mehr ahnt, sondern die einfach nur dasteht, als habe hier jemand noch eine Rechnung mit der Ewigkeit zu begleichen.

Ein paar Dünen weiter liegt »Backåkra«, der Hof von Dag Hammarskjöld, dem Generalsekretär der Vereinten Nationen in den Jahren von 1953 bis 1961, ein schlichter, weißer Vierseithof unter großen Bäumen. Auch dieses Anwesen liegt allein, aber nicht auf der Ebene, sondern oben auf den Dünen, einem kleinen Kloster ähnlich, mit einem weiten Blick über Weiden, die auf Hammarskjölds Wunsch hin unter Naturschutz gestellt wurden, dann über den Kiefernwald unten am Meer und schließlich über die Ostsee. Ein paar hundert Meter weiter, in einer Senke in den Dünen, doch immer noch mit Blick auf die Ostsee, hat jemand einen Kreis auf die Wiese gezeichnet. Zwei, drei Dutzend große, runde Steine, in einem abgezirkelten Rund gelegt, mit einem besonders großen Stein in der Mitte. Das Wort »pax«, »Friede«, ist in diesen Stein gemeißelt.

Der Zirkel ist erst nach dem Tod von Dag Hammarskjöld entstanden, und doch dürfte ihm die Einrichtung gefallen haben. Denn er selbst hatte oben auf der Heide eine Kapelle vorgesehen, und dieser Kreis sollte der Meditation gewidmet sein. Die Idee der »elected silence«, der »erwählten Stille«, wie der englische Dichter Gerald Manley Hopkins im neunzehnten Jahrhundert solche Umstände nannte, hatte ihn angezogen. Wie jeder wahre Einsiedler hat Dag Hammarskjöld sich einen auch im geographischen Sinne erhabenen Platz gesucht, beinahe so erhaben wie die sechzig Fuß hohe Säule, auf welcher der heilige Simon sechsunddreißig Jahre verbrachte. Weil nicht gewiß war und bis heute nicht gewiß ist, wozu diese Schiffssetzung »Ales Stenar« gedient haben soll, blühten die Spekulationen: eine astronomische Anlage, ein Willkommensgruß, eine Kultstätte, an der gar Menschenopfer dargebracht werden sollten? Die Nachbarschaft zur Kultstätte der Wikinger, die gleichermaßen exponierte, ähnlich gelegene Lage, hatte Hammarskjöld angezogen. Der schwedische Aristokrat und Volkswirt, im Jahr 1905 als Sohn eines früheren Ministerpräsidenten und Richters am Internationalen Gerichtshof im Haag geboren, hatte eine glänzende Karriere als politischer Beamter in seinem Heimatland durchlaufen, bevor er 1953 mit nur einer Gegenstimme zum Generalsekretär der Vereinten Nationen berufen wurde. Er wurde zu einer Lichtgestalt im ersten Jahrzehnt des Kalten Krieges, immer unterwegs für den Frieden, in Asien und in Afrika, immer unter Verdacht, damit den westlichen Imperialismus zu fördern. Dieser Generalsekretär galt als Held, wenigstens im Heimatland. Die schwedischen Kinder spielten Einsatz im Kongo, und noch immer scheint diese Phase der Weltpolitik, als sich die Auseinandersetzung der Weltmächte im Streit um den politischen und militärischen Einfluß vor allem auf afrikanische Länder manifestierte, in Skandinavien nicht vergessen zu sein. Sie ließ zum Beispiel »Fantomen« zurück, einen von Kopf bis Fuß maskierten, unüberwindlichen, in einundzwanzigster Generation an der afrikanischen Ostküste lebenden Comic-Helden, dessen Ehefrau in leitender Stellung für die Vereinten Nationen arbeitete. Nie war diese von Lee Falk entworfene Serie in den Vereinigten Staaten, wo sie zuerst und lange publiziert wurde, so populär wie in Schweden, und hier ist sie es noch heute.

Als Dag Hammarskjöld auf einer solchen Reise als Vermittler im September 1961 bei einem Flugzeugunglück über Ndola im heutigen Sambia ums Leben kam, stürzten die Vereinten Nationen in eine tiefe Krise – doch seitdem hat man, abgesehen von den immer wieder auftauchenden Spekulationen über den wahren Grund dieses Unglücks, kaum noch etwas von ihm gehört. Das aber liegt auch daran, daß man nicht mehr allein den Politiker hätte würdigen können, daß neben ihn der Schwärmer und Esoteriker hätte treten müssen, einer, der glauben wollte, er sei zum Martyrium, zum Sühneopfer für die Welt bestellt. Einer, der in herausgehobener Stellung an sich als ebenso magischem wie tragischem Retter der Welt arbeitete. Dag Hammarskjöld glaubte, ähnlich wie Strindberg, er sei zum Opfer für die Welt bestimmt. Anders als den Schriftsteller führte ihn dieser Glaube nicht in die Nähe der Nervenklinik, sondern in eine fade Art von Religion, in der er selbst als Erlösergestalt vorkam, als Lamm, das hinwegnehmen sollte die Sünden der Welt.

Unter den Papieren, die er vor seinem letzten Flug in seiner New Yorker Wohnung hinterlassen hatte, fand sich ein Brief an einen Freund im schwedischen Außenministerium, in dem er diesen bittet, über die Veröffentlichung eines beigefügten Manuskripts mit tagebuchartigen Aufzeichnungen zu entscheiden: »Wenn Du findest, daß sie verdienen, gedruckt zu werden, so gib sie heraus – als eine Art Weißbuch meiner Verhandlungen mit mir selbst – und mit Gott.« Das Buch wurde zu einer Überraschung: Nur selten hatte Dag Hammarskjöld von seiner Neigung zur christlichen Mystik gesprochen, kaum davon, daß er Johannes vom Kreuz, Thomas von Kempen, Meister Eckhart und Blaise Pascal zu seinen geistigen Vätern zählte. »Einige sind erwählt, an die Schwelle der endgültigen Überwindung geführt zu werden, zum Schöpfungsakt des Opfers«, heißt es in diesem Buch, das unter dem Titel *Vägmärken*, »Zeichen am Weg«, im Jahr 1964, drei Jahre nach dem Tod des Generalsekretärs, erschien. »Jetzt bin ich der Erwählte, festgespannt auf dem Block, bestimmt, Opfer zu werden.«

Vor allem die englische Edition wurde zu einem verlegerischen Erfolg: Allein von der gebundenen Ausgabe wurden bis heute mehr als fünfhunderttausend Exemplare verkauft, man kann sie im Andenkenladen der Vereinten Nationen in New York erwerben, das Taschenbuch befindet sich in der sechzehnten Auflage. Aber handelt es sich dabei überhaupt um eine Übersetzung? Aus »lycka«, dem Glück, ist »fun« geworden, das Vergnügen, aus »svaret«, der Antwort, wird »truth«, die Wahrheit, und in der Übersetzung des Satzes »das ganze Dasein mag ein Instrument für das werden, was größer ist als ich« *(»det i mig som är större än jag«)*, fallen schlicht die Wörter »als ich« fort. Peinlich aber sind die lyrischen Bekenntnisse des Generalsekretärs immer noch: »Knabe im Wald. / Entschlüpft dem Sonntagsstaat, / Um nackt zu spielen«, heißt es in einem Gedicht, und, vielleicht in Anspielung auf den Ausblick von Backåkra: »Im Eichengestrüpp das flache Feld. / Darauf das Männeropfer, / Seewind beschwörend.« Nun war aber diese Übertragung nicht einem beliebigen Autor anvertraut worden: Verfaßt wurde sie von W. H. Auden, der kein Schwedisch konnte, mit Hilfe einer Interlinearversion. Und dieser Dichter hatte offenbar versucht, den Weltpolitiker Hammarskjöld durch Verharmlosung seiner Verse zu retten. Er hatte sich bemüht, den halbgebildeten Esoteriker aus der Provinz verschwinden zu lassen, er ist aufgetreten wie Immanuel Kant, als dieser dem Geisterseher Emanuel Swedenborg einen *cordon sanitaire* der Vernunft anlegte. Und so wie der ursprüngliche Swedenborg dennoch wieder hinter Kant auftauchte, so ist der Mystiker wieder hinter dem Generalsekretär hervorgetreten: *Zeichen am Weg* ist tatsächlich zum Vermächtnis dieses Politikers geworden, und während der Generalsekretär mit den Kriegen der fünfziger Jahre längst in Vergessenheit geraten ist, so ist ein überhitzter Schwärmer zurückgeblieben, ein Held der Versöhnung im Reich der Gespenster.

Dag Hammarskjölds Hof »Backåkra« ist eines der ersten restaurierten Bauernhäuser in dieser Gegend, ein Symbol für Strenge, Sanftheit und Reinheit. Er begründete eine Entwicklung, die erst zehn, zwanzig, dreißig Jahre später in Mode kommen sollte. Ungewöhnlich muß dieser Ort des Rückzugs gewesen sein, für einen Politiker mehr noch als für einen Reichen. »Backåkra« ist ein Platz des Rückzugs, des Abschieds von der Gesellschaft, der Selbstprüfung unter verschärften Bedingungen, des Versuchs, den wimmernden Haufen von widersprüchlicher Moderne in den Schoß der Geschichte zurückzujagen. Er ist eine Absage an die schöne neue Welt – denn so schließt auch Aldous Huxleys berühmter Roman *Schöne neue Welt* aus dem Jahr 1932, mit der auf den Rest der Lebenszeit angelegten Klausur des zum Philosophen gewordenen Helden an einem kalten, windigen Ort: »Ich glaube, man schreibt besser, wenn das Klima schlecht ist. Viel Wind und Stürme zum Beispiel.« In »Backåkra« werden heute ein paar Hinterlassenschaften von Dag Hammarskjöld verwahrt. Sie stammen hauptsächlich aus seiner Wohnung in New York. Darunter befindet sich zum Beispiel ein Spucknapf, den er von Zhou Enlai, dem chinesischen Ministerpräsidenten und Außenminister, geschenkt bekommen hatte.

In den fünfziger Jahren muß der Südosten Schonens eine alte Landschaft gewesen sein, eine Landschaft jenseits der großen Verkehrswege, eine Heimat der Erinnerungen, auch wenn die meisten von ihnen auf einer falschen Vorspiegelung von Tradition beruhen. Eine Landschaft der Vergangenheit ist diese Gegend geblieben. Und die Erinnerungen an einen älteren, einfacheren und ehrlicheren Weltzustand haben eine Art von modernem Neoklassizismus hervorgebracht. Dieser Enthusiasmus hat diese Gegend in den vergangenen Jahrzehnten nicht mehr verlassen, ja man hat den Eindruck, daß er von Jahr zu Jahr stärker wird. Der bröckelnde Putz, unter dem das *opus reticulatum* des Mauerwerks sichtbar wird, die blätternde Farbe, die Risse in der Struktur, die Simulationen vergangener oder noch bevorstehender Einstürze, das alles ist längst zu einem Stil geworden, der diese Landschaft ästhetisch beherrscht, so sehr, daß seit geraumer Zeit die neuesten Häuser aussehen müssen, als gehörten sie zu den ältesten, so als sollten mitten in der totalen Landwirtschaft die Motive einer Art von englischem Garten beschworen werden – aber nicht der englische Garten in seiner prächtigen, in grünen Wolken und mächtigen Bäumen schwelgenden Form, sondern in einer bäuerlich geprägten, kleinteiligen und auf wenige Mittel reduzierten Variante. Die Gärten haben sich auf ihren wenigen Quadratmetern in buchsbaumbewehrte Beschwörungen von mediterraner Üppigkeit verwandelt. Im Vorgarten wächst der Lavendel, an den Südmauern klettert der Wein, hinter dem Haus blühen bis weit in den Herbst hinein die Rosen. Und die ganze Anlage wirkt wie ein unter einen Glassturz gerücktes, vollendetes Miniaturarrangement, in dem alles den Atem anhält.

Dag Hammarskjöld muß ein Programm gehabt haben, als er sich auf dem höchsten Punkt der Düne niederlassen wollte, ein Programm, das zu groß war, um sich in der Privatprosa dieses Politikers zu erschöpfen. Seine Wohnung sollte eine weitgreifende, mit einer Bewegung die halbe Welt umspannende Weisheitsgeste sein. Deswegen hat Dag Hammarskjöld die Nachbarschaft zur Schiffssetzung gesucht. Ja mehr noch: Hier hat einer den Wettbewerb aufgenommen mit den Kultstätten der Wikinger oder noch älterer Seefahrer, mit den Grabhügeln, die sich überall im bäuerlichen Schonen aus den Feldern erheben, mit den Felszeichnungen von Gladsax und den Runensteinen. Oder er suchte die Nachbarschaft zum sogenannten Königsgrab in Kivik, einem gigantischen runden Steinhaufen, der ebenfalls ähnlich liegt wie der Meditationsplatz von »Backåkra« und eines der großen Denkmale vorhistorischer Zeit in Schweden ist. Zu einer Pyramide scheint es bei dieser Grabstätte, die im Jahr 1748 durch einen Zufall geöffnet wurde, nicht gereicht zu haben. Es fehlten die Handwerkskunst, die Handwerker, die Sklaven, die Steine. Und doch ist diese Grabstätte ein geheimnisvoller Ort. Denn in der Grabkammer, auf dem siebten Stein, ist ein Wagen gemalt, zweirädrig, von zwei Pferden gezogen, und der Kutscher hält die Zügel in der Hand. Er fährt landeinwärts, weg vom Wasser, nach Westen. Und die einzigen möglichen Vorbilder, die es gibt, sind am Mittelmeer zu finden.

## *Am Wasser ein paar schwankende Leiber*

Altmodisch ist diese Landschaft. Altmodisch war sie schon im frühen zwanzigsten Jahrhundert: »Es ist etwas eigenes mit dieser Gegend«, notierte damals Prinz Eugen, der Bruder des Königs und einer der führenden Symbolisten unter den schwedischen Malern, »die weich sich wiegenden Hügel, Licht und Schatten über Stenshuvud im Wechsel der Tageszeiten und dieses wunderbare Haväng, das ein so intensives Gefühl von unvordenklichen Zeiten vermittelt. Alles ist so gut erhalten, so altertümlich.« Altmodisch klein ist noch heute der Radius der Menschen, die dort aufgewachsen sind und dort immer noch leben, und der Landbriefträger, der Mensch, der alles und jeden kennt und deshalb zu einem gelungenen Mörder in der Welt Kurt Wallanders wird, hält diese Landschaft zusammen.

Altmodisch ist der Kitt in den Fenstern, die, des salzigen Windes wegen, der sich in Lack und Holz frißt, in jedem Frühjahr neu überstrichen werden müssen, bis die Farbe in Dutzenden von Schichten abblättert. Altmodisch auch sind die Dächer aus geteerter Pappe oder Eternit, denn Strohdächer, die älteste und noch vor zweihundert Jahren ausschließlich betriebene Art, ein Haus vor dem Wetter zu schützen, finden sich allein auf neuen oder frisch renovierten Gebäuden. Altmodisch ist die Unordnung in den Supermärkten, die, selbst wenn sie so groß sind, wie solche

Geschäfte in den Städten zu sein pflegen, das Unaufgeräumte und Kramige am Krämerladen nicht abgelegt haben – die vielen Beschriftungen, von denen eine nicht der anderen gleicht, die Warenstapel auf den Gängen und in den Ecken, der Ramsch in jedem Winkel. Altmodisch sind auch die Namen der Geschäfte, die immer noch »Blumenhandlung«, »Fahrerei« oder »Eisenwarenhandlung« heißen, so als seien sie noch nicht in das Zeitalter der Reklame eingetreten. Wenn Pelle Larsson, der Schreiner von Örnahusen, von den Leuten aus dem benachbarten Dorf Skillinge erzählt, dann fällt hin und wieder der Name »Åke Monark«, ein Åke mit dem Familiennamen »Monarch«. Natürlich heißt der Mann nicht so. Aber sein Vater betrieb einst das Fahrradgeschäft in Skillinge und flickte die Schläuche. Und »Monark« war zu einer Zeit, als deutsche Räder »Rixe«, »Göricke« oder »Diamant« hießen, eine der großen schwedischen Fahrradfabriken.

Beginnend in den sechziger Jahren und dann immer schneller voranschreitend, verwandelte sich der Südosten Schonens in eine Sommerkolonie. Das Wort »Urlaub«, oder »semester«, wie es in Schweden heißt, vielleicht weil es dabei besonders getragen und bemessen zugehen soll, will sich bei der Betrachtung dieser Landschaft nicht einstellen, schon weil sich in der Vergangenheit keine solche Tradition herausgebildet hat, schon weil hier, je weiter man nach Osten kommt, kein altes Sommerhaus mehr zu finden ist, sondern nur noch die zu Sommerhäusern umgebauten Wohnstätten der einheimischen Bevölkerung. Und vor allem, weil die fröhliche Entspannung eines Ferienaufenthalts so gar nicht passen will zu dem abweisenden, ja sogar feindseligen Ernst, den die einheimische Bevölkerung ihren Feriengästen gegenüber an den Tag legen kann. Denn schnell hat diese Gegend ihren Charakter geändert, so schnell, daß allenfalls die Makler und ein paar geschäftstüchtige Handwerker mithielten, kaum aber die Bauern und die Fischer. In den Häfen der Fischerdörfer, in Baskemölla, Brantevik oder Skillinge gab es noch vor einer Generation keine Segelboote für die Freizeit, und wer zum Vergnügen auf das Meer fuhr, wurde von den Fischern und Seeleuten als wunderliche, wenn nicht gar verwerfliche Erscheinung betrachtet. Dutzende, wenn nicht Hunderte von diesen Booten liegen nun in den Fischerhäfen und reiben knarzend ihre Kunststoffhüllen aneinander.

Im Jahr 1971 drehten die Komiker und Regisseure Tage Danielsson und Hasse Alfredsson einen Film über Österlen und seine Bewohner: *Äppelkriget*, die Geschichte vom Apfelkrieg. Der Film wurde überaus erfolgreich. Er erzählt von einem reichen Mann, der den Südosten Schonens, gerne auch »Österlen« genannt, asphaltieren möchte, um dort »Deutschneyland« zu gründen, eine riesige Ferienanlage mit eigenem Flughafen. »Ales Stenar«, die Schiffssetzung auf der hohen Düne, soll einem Arrangement mit einarmigen Banditen weichen. Selbstverständlich unterschätzt der reiche Mann den Widerstand und den Einfallsreichtum der Bevölkerung. Doch die Deutschen sind hier seltener Opfer des landläufigen Rassismus. Häufiger richtet sich der Widerwille der lokalen Bevölkerung gegen den schwedischen Zentralismus und seine unmittelbaren Repräsentanten, die aus Stockholm eingewanderte Sommerbevölkerung, die »nollåttor«, die »Null-Achter«, wie die Bewohner der Hauptstadt nach ihrer Telefonvorwahl heißen. Die Einheimischen verachten sie ihres Ungeschicks und beneiden sie ihres Geldes wegen. Die »Null-Achter« lassen sich davon nicht irritieren. Für sie ist diese Landschaft eine Heimat des Glücks. Und wollte man ihnen wohl, so müßte man sagen, daß sich in der Ahnung dieses Glücks ein Bewußtsein davon verbirgt, daß dieses Gefühl gerade an den Mängeln hängt.

Fast dreißig Kilometer lang zieht sich ein feiner, breiter Sandstrand von Ystad bis kurz vor Skillinge. Manchmal liegen Weiden, auf denen Pferde und Kühe grasen, meist aber Dünen und kleine Wälder dahinter – vom Wind gestutzte und zerzauste Kiefern, Krüppeleichen, Heide und Wacholder. »Krattskog«, einen Wald, den man nur mit dem Rechen bearbeiten kann, nennen die Bauern diesen Bewuchs, und das ist er auch: ein Gestrüpp, das man zu nichts gebrauchen kann. Zwischen Simrishamn und dem bewaldeten Bergrücken Stenshuvud, der weit in die Ostsee hineinragt, setzt der Strand sich im Norden fort. Kein Hotel beherrscht diese Ufer, und niemand ist bis heute auf den Gedanken gekommen, Strandkörbe und bequeme Stühle an die Wellenlinie zu schleppen.

Hin und wieder liegen an warmen Tagen ein paar Badende herum, und gut verborgen sind die Sommerhäuser im Gehölz. Nachts ist es still, fast überall. Irgendwo in den Dünen, im Seegras, an den Stellen, wo der Strand besonders breit ist, hört man im Sommer zwar gelegentlich ein dumpf pulsierendes Geräusch, in den Kiefern hängt der Geruch von Grillfleisch, und hinter den Büschen hämmert die Baßtrommel von »Kyhls Strandbad«. Doch sie paukt, an mediterranen Vorstellungen von einem leidenschaftlichen Leben gemessen, nicht besonders eindrucksvoll. An der Wasserlinie ein paar schwankende Leiber, ein paar verbrannte Gesichter um ein Feuer am Strand und einen Kasten Bier von Tuborg oder Spendrups. Doch ist damit der Gipfel der Ausschweifungen erklommen. Viele der schwedischen Touristen erreichen ihn ohnehin schon am Nachmittag.

Dann kehren sie im »Hylkegården« oder im »Café Annorlunda« ein oder in einer der vielen anderen »Kaffeestuben«, wo jeder sich das Getränk selbst nachgießen kann und von denen es in dieser Gegend so viele gibt wie nirgendwo anders in Schweden – von der Welt gar nicht zu reden. Bei schönem Wetter wird in der freien Luft serviert, dann liegen Wachstücher auf dem Tisch, auf dem ein Flekken Marmeladefüllung und darin eine Wespe kleben. Braune Kaffeeringe zieren auch das Tuch.

Bei einer Zimtschnecke kommt dann die Bestätigung: Jaha, es ist schön hier. Überhaupt scheinen die mehr oder minder improvisierten Kaffeestuben, die im Sommer in nahezu jeder kleinen Siedlung eröffnet sind, eine ganz besondere Aufgabe zu erfüllen. Denn in Ermangelung einer befriedigenden Beschäftigung, und oft auch wegen des allzu kühlen und windigen Wetters, werden diese Kaffeestuben zu Rastplätzen gleichsam höherer Art, zur Versicherung von Sinn und Ziel des Herumschweifens mit dem Automobil, mit dem diese Reisenden ihren Tag ausfüllen. In der Kaffeestube sitzend, versichern diese Reisenden einander, es in dieser Gegend ganz besonders gut getroffen zu haben, und wenn sie dann die meist niedrigen, nur sparsam möblierten Gasträume verlassen und die Türen ihres Automobils öffnen, dann umweht sie für eine kurze Zeit ein Anflug von Zuversicht.

Sie brauchen diese Zuversicht. Denn sie muß der Landschaft abgerungen werden, dem zweifelhaften Sommer, der tausendfach durchpflügten Erde, den leeren Dörfern und kleinen Städten. Allein ist der Mensch, wenn er die Küste im Sommer verlassen hat, auf seinem Weg durch Löderup oder Borrby oder Hammenhög. In Deutschland, mehr aber noch in den romanischen Ländern, hat ein Dorf einen Bäcker, einen Metzger, ein Wirtshaus und oft mehr als das. In den meisten Dörfern hier gibt es nichts dergleichen. Nicht einmal von der einheimischen Bevölkerung ist an gewöhnlichen Tagen viel zu sehen, vielleicht eine Frau, die mit schnellen Schritten eine der langgezogenen, meist baumlosen Straßen überquert, um zum Supermarkt zu gelangen, oder eine Gruppe von Kindern, die frühmorgens an einer Haltestelle auf den Schulbus wartet. In den ersten Jahrzehnten des zwanzigsten Jahrhunderts gab es hier einen Einzelhandel so wie überall in Europa. Jetzt hat er sich längst zurückgezogen und in den Supermärkten vereint. Um dann an den sonderbarsten Stellen wiederzukehren, in Läden, in denen zum Nebenerwerb mit Winterkleidung gehandelt wird, in kleinen Gärtnereien, in denen die Besucher sich die zukünftigen Trockenblumen selbst schneiden können, in einer Bäckerei in Örnahusen, in der im Sommer Zimtringe gefertigt werden in einem gewöhnlichen Ofen, und dann liegen all diese Ringe auf einem ausgedienten Eßtisch in einem leeren, von Rigips-Wänden umschlossenen Raum, der früher einmal einen Krämerladen beherbergt haben mag. Hier mit dem Auto herumzufahren, hat etwas von dem, was der Philosoph Søren Kierkegaard vor hundertfünfzig Jahren eine »Wechselwirtschaft« nannte: »Je mehr man sich beschränkt, desto erfinderischer wird man«, schrieb er, denn niemand sei schließlich so erfinderisch wie der in Einzelhaft sitzende Gefangene auf Lebenszeit.

## *Ein Pfand wider die Vergänglichkeit des Lebens*

Zu Beginn des zwanzigsten Jahrhunderts hatten schwedische Maler diese Landschaft entdeckt. Einige von ihnen hatten in Frankreich die Freilichtmalerei erlernt, und Österlen kam ihren Vorstellungen von weichen Farben und milden Kontrasten entgegen. Dabei scheint der Südosten Schonens in seiner Sprödigkeit, ja in seinem abweisenden Charakter gar nicht geeignet, geschweige denn eingerichtet zu sein, um hier ein schwedisches Skagen oder Worpswede entstehen zu lassen. Aber das Licht ist hier, anders als in den Wald- und Seenlandschaften weiter nördlich, oft diesig. Es wird in der weißlich schimmernden Luft diffus, die flache Landschaft und der Widerschein des Meeres, das hier immer in mehreren Himmelsrichtungen liegt, helfen mit Reflexen. Es ist hell, sehr hell, die Schatten werden nicht tief, immer ist alles ausgeleuchtet, so sehr, daß die persönliche Existenz an ihren Rändern zu verschwimmen und sich träumend in nichts als dünne Luft aufzulösen scheint. Manchmal zieht ein Schiff am Horizont vorbei, und der Dunst über dem Meer läßt es zweidimensional dahinschweben, als balanciere es auf einer Kante zwischen Himmel und Erde. Prinz Eugen verbrachte zu Beginn des zwanzigsten Jahrhunderts viele Sommer hier. Er wohnte im »Hotel Svea« in Simrishamn, wo später auch Kurt Wallander zu einem Kaffee einkehrt, oder in der Villa von Oberst

Wikland oberhalb von Kivik, und noch in den dreißiger Jahren wurde er in seinem großen Auto herumgefahren, das in ein rollendes Atelier umgebaut worden war. Er ist der Ahn der Künstlerkolonie, die sich hier in unserer Zeit eingerichtet hat.

Die »Künstlervereinigung Ostschonen« hat vor einiger Zeit ausgerechnet, daß im Umkreis von dreißig Kilometern um Simrishamn um die fünfhundert Maler, Dichter, Töpfer, Bildhauer, Musiker wohnen. Mehr von ihnen, auf noch engerem Raum, lassen sich in Schweden nur in Stockholm finden. Um sie herum ist eine Kleinindustrie des Kunsthandwerks entstanden, Cafés, in denen dieser ganze Kram zur Verschönerung der eigenen vier Wände feilgeboten wird, Galerien und Ausstellungsräume. Und Hunderte von Projekten werden ersonnen, manchmal von poetischer, meist aber schon bald von der gescheiterten Art. Einer dieser Bankrotteure, ein ehemaliger Buchhalter, der sich in einem Weiler bei Borrby mit einer Zucht seltener Rosen niedergelassen hatte, hat sich im vergangenen Jahr in seinem Gewächshaus aufgehängt, und sein Tod wurde zu einem Fanal für den ästhetischen Willen in dieser Landschaft, indem sich seine Freunde und Nachbarn zusammentaten, um sein Geschäft zu erhalten, was ihnen bis heute auch gelingt.

Überall haben sich Händler niedergelassen, die, unter einem Schild mit der Aufschrift »antik«, Antiquitäten zu verkaufen vorgeben, meist aber nur den Tand vergangener Jahrzehnte verhökern und so auf ihre Weise vom stillen Ruin, von der Auflösung auch dieser Landschaft künden. Aber nicht auf diese Unterschiede, ja nicht einmal auf die wahrscheinlich traurige Perspektive, kommt es hier an, um so mehr aber darauf, daß die überall verwahrten und erneut zum Kauf angebotenen Dinge tatsächlich aus der Mode geraten, nutzlos und wunderlich sind und allenfalls nur noch ein stilles Nachleben erheischen. Denn anders als das fortwährend umlaufende Kapital, als das Geld und die unmittelbar mit ihm verknüpften Waren, sind diese verdämmernden Dinge und Gerätschaften wie aus dem Verkehr gezogen, sie haben nicht nur ihren Gebrauchswert, sondern auch ihren Warenwert längst eingebüßt und sind gewissermaßen schon in die Zeitlosigkeit, wenn nicht gar in die Ewigkeit eingegangen.

In jedem Dorf scheint es eine Galerie zu geben, in vielen zwei oder drei. Selten ist es Kunst, die darin angeboten wird, um so mehr aber gibt es Kunsthandwerk zu kaufen. Das tun die Leute gerne, zur Verzierung des Heims, als Erinnerung oder Selbstverpflichtung. Denn der Wille zum Stil ist hier zur Bürgerinitiative geworden, und jeder Kiesel am Ufer, jeder bröckelnde Putz und jede verwitterte Zaunplanke kann als Pfand eines die Vergänglichkeit zelebrierenden, wehmütig schönen Lebens gehandelt werden. Ja, und mehr noch: Gerade die Leidenschaft für den Lavendel unter den verwitternden blauen Fensterrahmen vor der weiß gekalkten Wand, diese rührende Hinwendung zur Vergänglichkeit, verwandelt ihre Gegenstände in pure, eben dieser Vergänglichkeit geradezu entronnene Substanz und in ein Gleichnis aller Kunst.

In den Fischerdörfern haben sich viele der Häuser aus dem achtzehnten und neunzehnten Jahrhundert erhalten: in Smygehuk, Abbekås und Svarte westlich von Ystad, dann in Skillinge, Brantevik, Baskemölla, Vik und Kivik im Osten. Die Monate Juli und August sind ihre Zeit, dann sind die Fenster der niedrigen Häuser geöffnet, in den Gärten folgt ein Fest auf das andere, und die Dörfer erblühen zu einer Kletter- und Stockrosenidylle. Die Fensterrahmen und Türen sind grün, schwarz – oder dunkelblau. »Österlenblau« nennt der Maler in Simrishamn diese Farbe, und genau dieselbe ist auf der anderen Seite der Ostsee, auf der Kurischen Nehrung zu sehen, doch dort heißt sie »Niddablau«. Still ist es in den Dörfern, es herrscht eine so völlige Lautlosigkeit, daß man in einer Sommernacht den Nachbarn in seinem Schlafzimmer atmen hören kann. Dann ist es, als wäre man ganz aus dem Leben herausgefallen, als wäre man zurückversetzt in die vergangene Zeit, oder besser: in gar keine Zeit. Denn so deutlich ist der Atem, daß er für einen Augenblick klingt, als könne nach ihm nichts mehr kommen, als könne nichts ihn zugrunde richten.

In einem mediterranen Land würden nun die Menschen auf die Straße treten, bereit zum Korso, zu einem Gang, ineinander verschränkt, zu zweit, zu dritt oder zu noch mehreren, eingehängt, eine Demonstration der Unbeschwertheit und des Zueinandergehörens. Hier wirft einen alles auf die Vereinzelung zurück. An einer hölzernen Hauswand hängt noch ein Plakat, das bald zehn Jahre alt sein muß: Es stammt aus dem Wahlkampf um Schwedens Beitritt zur Europäischen Union. Ein paar lachende junge Leute sind darauf zu sehen. »Benvenuto Svecia« steht darunter. Gemeint war damit, aus dem Traum von der Einheit zwischen dem fröhlichen Leben und dem nordischen Klima könnte vielleicht doch noch etwas werden. Plötzlich wirkt dieses Plakat älter, viel älter, als Dag Hammarskjölds »Backåkra« je werden zu können scheint. Die Bewohner von Schonen haben damals in ihrer Mehrheit für den Beitritt zur Europäischen Union gestimmt.

## *Schon am Donnerstag ahnten wir Schlimmes*

Wer das innere einer großen Stadt betritt, kann vor Überraschungen nicht sicher sein, neben jeder Ecke, hinter jedem Tor, mit jedem Passanten mag sich das Unerwartete verbunden haben. Keiner weiß, was ihm als nächstes begegnet oder von wem er als nächstes gesehen wird. Die große Stadt ist ein Raum der kurzen Auftritte, der unzähligen kleinen Bühnen, die im einen Augenblick im einen Winkel betreten werden, um im nächsten in einem anderen verlassen zu werden. Diese kurzen Expositionen haben etwas von einer Verschwörung in tausend Gestalten an sich. Die offene Landschaft ist das Gegenteil einer solchen Stadt. Sie ist der Raum der erfüllten Erwartungen, des lange Kommenden und dann tatsächlich, wie selbstverständlich, ohne jede Überraschung Eintretenden.

In Ystad gibt es eine Tageszeitung, von der die gesamte Region von Skurup bis nach Simrishamn mit Nachrichten versorgt wird. Sie trägt einen wundervollen Namen: ›Ystads Allehanda‹, alles und jedes aus Ystad, allerlei gemischte Nachrichten aus der Provinz. Am 4. April 1990 brachte die Zeitung ihren Lesern eine schlimme Nachricht aus ihrer nächsten Umgebung: *»Brutalt rån mot äldre par i Knickarp«* stand auf der ersten Seite zu lesen, »Brutaler Raub an älterem Paar in Knickarp«. Knickarp ist ein Weiler in den Hügeln zwölf, dreizehn Kilometer nordwestlich von Ystad.

»Drei maskierte Männer brachen vorgestern nacht in das Haus der Gatten Martha und Nils Andersson ein, einem einsam gelegenen Hof außerhalb von Knickarp. Die Männer bedrohten und schlugen das völlig verschreckte Paar. Als die Räuber alles Geld, das sich im Hause befand, an sich genommen hatten, ließen sie die Alten in ihren Betten festgebunden zurück.«

Die Männer waren durch eine offene Landschaft gekommen, und eigentlich war ihr Erscheinen keine Überraschung mehr: »Schon am Donnerstag ahnten wir Ungutes«, berichtet Nils Andersson der Zeitung, »als zwei Männer quer über das Weideland gelaufen kamen und vorgaben, Eier kaufen zu wollen. Der jüngere Mann war aggressiv und versuchte, sich in die Wohnung zu drängen. Wir dachten darüber nach, ob wir in der Nacht wechselweise Wache halten sollten. Aber das hat sich dann nicht so ergeben.« Der Überfall von Knickarp ist berühmt geworden. Denn er lieferte den Anlaß zu einem Kriminalroman: zum *Mörder ohne Gesicht*, dem ersten Buch einer Serie von neun Romanen, in denen Kurt Wallander, der Kommissar in Ystad, die Hauptrolle spielt.

Alle großen Taten, die sich in dieser Gegend in den vergangenen tausend Jahren zugetragen haben, von den Feldzügen der Dänen und der Schweden bis zu Rutger Mackleans Landreform, wurden vor dem Hintergrund der offenen Landschaft vollbracht. Auf dem Weg nach Simrishamn sieht man von vielen Kilometern Entfernung den gestuften Giebel der Burg Glimmingehus und hinter ihr einen grauen Radarturm der schwedischen Armee, die Seeleute benutzen die Kirchtürme auf der Ebene, auch sie Kilometer noch vom Ufer entfernt, zur Orientierung, und die große Brücke über den Öresund ist zu erkennen, noch bevor man den Stadtrand von Malmö erreicht hat. Alles ist sichtbar, erwartbar, bekannt, schon von weitem, und auch deshalb hat sich Kurt Wallander in dieser Gegend einrichten müssen.

Wenn der Schriftsteller Henning Mankell die Landschaft seiner Romane beschreibt, dann ist das Heimatliche ganz ohne Naivität, dann verliert sie das Gemütvolle und Friedliche, dann verwandelt sie sich in ein Grenzgebiet, mit der Ostsee als Rio Grande, in ein Land des Aufbruchs und der heftigen Konflikte.

Eine lange Reihe kleiner Bunker zieht sich die Küste entlang, die »Per Albin Hansson Linie«, die Schweden im Zweiten Weltkrieg vor einer deutschen Invasion auf den breiten Stränden hätte schützen sollen und ihr doch vermutlich keinen Tag lang hätte widerstehen können. Viele von ihnen liegen jetzt im Wasser, ein paar Meter vom Strand entfernt, denn der Boden, auf dem sie vor sechzig Jahren fest gefügt standen, ist längst vom Meer aufgezehrt worden, und nun liegen die grauen Blöcke da wie gestrandete Wale und müssen gesprengt werden, weil sie zum Klettern und Turnen herausfordern und solche Unternehmungen nicht immer glücklich ausgehen. Auf der anderen Seite der Ostsee lag bis zum Fall der Mauer die Deutsche Demokratische Republik. Vor der Küste von Ystad patrouillierten ostdeutsche Kriegsschiffe, und hin und wieder wurde ein Gummiboot mit Flüchtlingen angetrieben. Diese Nachbarschaft legt sich wie ein dunkler Schatten über das Land.

Als der Photograph der Zeitung ›Ystads Allehanda‹ den überfallenen Bauern ablichtete, geriet auch das Interieur auf das Bild. Die Räume sind niedrig, die Wände mit kleingemusterten Tapeten beklebt. Daran hängen, willkürlich über die Fläche verteilt, eine kleine Pendeluhr, ein Schmuckteller, zwei Landschaftsgemälde, ein gestickter Sinnspruch auf einem gefransten Tuch, ein hölzernes Häckselmesser. Das Paar schläft auf einem alten Ausziehsofa. Still scheint dieses Mobiliar seit Jahrzehnten vor sich hin zu dämmern, so wie seine Besitzer, unerreicht von Wohlstand und Modernität, ja dafür sogar unerreichbar, weil es nicht nur an Geld, sondern auch an sozialem Ehrgeiz völlig zu fehlen scheint. Es kann nicht der Reichtum der Bewohner gewesen sein, der die Räuber anlockte, sondern nur deren Schwäche. Henning Mankell verwandelt den Überfall in einen Doppelmord, er vergrößert ihn bis ins grausame Detail, und die Lizenz für solche Dramatisierung hat ihm diese Schwäche verliehen.

Angetrieben an ein Ufer, von einer anderen Küste kommend, wurden auch die Räuber, die das alte Paar in Knickarp überfielen. »Ich wachte um drei Uhr in der Nacht auf«, berichtet Martha Andersson, »weil mir jemand heftig in die Seite drückte. Über das Bett gebeugt standen drei Männer mit schwarzen Kapuzen, in die Löcher für die Augen geschnitten waren. Sie schrieen nach Geld und bedrohten uns, stiegen auf das Bett und hielten uns fest … Die ganze Zeit schrieen die Räuber in gebrochenem Schwedisch, ›Geld, Geld, holt das Geld heraus, mindestens zweihunderttausend‹.« Schließlich fanden sie tausendfünfhundert Kronen, gut hundertfünfzig Euro, die der alte Bauer in seiner Brieftasche unter dem Kopfkissen verwahrte, und viertausend Kronen in der Handtasche seiner Frau. »Es waren Zigeuner«, meinte der alte Bauer, »mit dunkler Haut und schwarzem Scheitel.« Als die Täter drei Tage später in Malmö von einem zwölf Mann starken Aufgebot von Polizisten gefaßt wurden, bestätigte sich der Verdacht des Alten. Zum Verhängnis geworden aber war den Räubern die offene Landschaft. Nachbarn hatten das Auto der angeblichen Eierkäufer gesehen, ein Fahrzeug, das nicht in diese Gegend gehörte, und sich die Nummer gemerkt.

Henning Mankell lebte damals hauptsächlich in Maputo, der Hauptstadt von Mosambik. Er hatte sich auf ein wunderliches Unternehmen der Entwicklungshilfe eingelassen: ein Theater, in dem auch das Repertoire der großen abendländischen Bühnen in die afrikanische Provinz übertragen wird, das sich aber hauptsächlich eigens arrangierten oder umgeschriebenen Komödien widmet. Wenn er aber nach Hause zurückkehrte, nach Schweden, dann fuhr er nicht mehr in die nordschwedische Landschaft seiner Jugend. In der Nähe von Ystad, einen kurzen Spaziergang von Knickarp entfernt, hatte er sich einen alten Hof gekauft, ein Haus, das man retten mußte, und mit diesem Hof wuchs seine Leidenschaft für diese Gegend. Er war dort nicht zu Hause, er hatte die Landschaft aus zweiter Hand, nur durch Vermittlung, erworben, wie ein Reisender hatte er die Straßenkarten und Ortsnamen studiert und den Süden Schonens zu seinem festen Punkt im Leben gemacht. Der Wunsch, die eigene Landschaft mit einer einzigen großen Geste zu erkennen, braucht heute offenbar einen Vorwand. In die Rolle des Däumlings, den Selma Lagerlöf mit den Wildgänsen ausschickte, damit er Schweden von oben kennenlernen konnte, ist nun der Detektiv geschlüpft, und aus dem Reisebericht ist, an der Oberfläche wenigstens, ein Kriminalroman geworden.

Wie sehr Henning Mankell der Heimat verpflichtet ist, bemerkt man beim Buchstabieren der Namen: Und diese Ortsbezeichnungen dienen nicht nur der Herstellung eines lokalen Kolorits, sondern sie sind wie alte Landmarken und besitzen deren magische Bedeutung: Man verläßt Ystad, fährt durch das alte Fischerdorf Svarte, passiert den prächtigen Buchenwald des Schlosses Charlottenlund und gelangt so nach Mossbystrand. Oder man kommt von Kristianstad, sieht die engen Hügel von Brösarp, zieht an Haväng und Kivik vorbei. Und so ist diese Region für ihn groß und bedeutend geworden: in der Entscheidung, den Raum zu begrenzen und ihn für das ganze Land stehen zu lassen. Daß er sich für eine bäurische Landschaft entschied, nicht für eine Stadt, daß er das flache Land in die Mitte seiner Bücher stellte, unterstreicht nur diese Bedeutung. Daß hier nichts los sei, ist der falsche Einwand. Denn das Unheil lauert nicht im Chaos, sondern in der Ordnung, der Täter ist nicht der Landstreicher, sondern eine Figur des öffentlichen Lebens, ein Mann von Amt und Würden, wie in der *Falschen Fährte*. Und diese ganze, nur scheinbar stabile Welt gerät ins Wanken.

Denn kaum ist der Raubüberfall von Knickarp geschehen, ist es schon, als hätte einer einen Blick in den offenen Schlund der Welt getan, hat sich in der Phantasie ein ebenso niederträchtiger wie törichter Raubüberfall in Mord und Verschwörung verwandelt, und die südschwedische Provinz scheint voller unergründlicher Zusammenhänge zu sein, in denen sich die Nachtruhe eines pensionierten Waldarbeiters in einem Weiler bei Ystad über nur wenige Instanzen hinweg mit dem Untergang eines internationalen Verbrecherimperiums verbindet. Die zahlreichen Morde und großen Verbrechen, die in den folgenden Jahren von Skurup bis Simrishamn, in und um Ystad stattfinden sollen, sind Herausforderungen an das Gefühl, hier zu Hause sein zu wollen: Alles hat die Heimat aufzunehmen, alles muß sie ertragen – bis sie bricht, oder eben auch nicht. Wo alles ins Gleiten kommt, überlebt allein das Böse, kraft seines entschiedenen Willens. Deswegen erwog Henning Mankell nach dem letzten der Romane von Kurt Wallander, allen neun Büchern einen gemeinsamen Titel zu geben: »Romane von der schwedischen Sorge.«

Mit Kurt Wallander hat Henning Mankell einen Helden geschaffen, wie er dieser Landschaft zu entsprechen scheint: einen, der ein wenig zu groß ist und ein wenig zu müde, ein wenig zu dick und ein wenig zu krank, einen, der trotz seiner offenbar vorhandenen pädagogischen Neigung nie als Präzeptor in der Mitte steht, sondern immer ein Stückchen abseits, ein bißchen wie ein Wiedergänger oder ein Gespenst, und Wiedergänger sind es bekanntlich gewöhnt, das Leben von ihrer exzentrischen Position aus zu betrachten, in stummer Verwunderung und Resignation. Betrachtet man den Schriftsteller, der Kurt Wallander wie ein treuer Kompagnon, ein guter Freund über mehr als ein Jahrzehnt hinweg begleitet, dann erscheint einem dieser Schriftsteller immer ein wenig wie der Pfarrer, der durch seine Kirche geht und mahnt und segnet, mit einer seltsamen, aber für diese Profession so typischen Verbindung von Mitleiden und Indifferenz. Und dann ahnt man, worauf dieses große Sorgenbuch eigentlich hinauslaufen soll: auf einen ebenso erleuchteten wie traurigen Chronisten, auf einen, der eine Lichtspur ziehen könnte durch unser von Gewalt entstelltes Leben und der doch alleine vor sich hin glimmt und vergeblich darauf wartet, daß sich an den Resten seiner Glut ein Feuer entzündet.

Kurt Wallander hatte einen Vorgänger: den Kommissar Martin Beck, den vor zwanzig, dreißig Jahren die Autoren Maj Sjöwall und Per Wahlöö durch Stockholm schickten, damit er sich dort an den inneren Widersprüchen eines modernen Gemeinwesens quäle. Beiden, Beck wie Wallander, fehlt der Nimbus des genialen Detektivs, sie haben nichts von Sherlock Holmes, von Nero Wolfe oder vom zwar schon ein wenig gewöhnlichen, aber doch noch ein bißchen geheimnisvollen Kommissar Jules Maigret. Beide sind Angestellte im öffentlichen Dienst, und ihr Auftrag ist es, sich mit der Entsetzlichkeit der Gesellschaft abzumühen. Doch Martin Beck gelingt es immer wieder, die bösen Geister aus den Vorstädten auszutreiben. Bei Kurt Wallander aber gibt es das Gute nur noch, damit das Böse sich daran nähren kann.

Vergeblich hatte Kommissar Martin Beck, der kränkliche Hirte der Bescheidenen und Friedfertigen, die Runden durch Stockholm gezogen, die ihm in den sechziger und siebziger Jahren die Kriminalautoren Maj Sjöwall und Per Wahlöö vorgeschrieben hatten. Die Bedrohung kam nicht von innen, das Unerwartete war überall, und das »Volksheim« lag nicht mehr in einem grünen, menschenfreundlichen Vorort von Dallas, sondern längst in der Nähe von Tampere oder Pittsburgh, wenn nicht gar von Twin Peaks. Eine Gemeinheit ist in der Welt, an der alle Soziologie und Psychologie zuschanden geht, und der Polizist, der in seiner Mittelmäßigkeit auserwählte Mensch, trägt zwar ein Stigma, aber es hilft ihm auch nicht viel weiter. Die vielen Morde, die sich in den Büchern von Henning Mankell ereignen, sind daher auch eine Art von Selbstdämonisierung eines ganzes Volkes. Es geht ihm wie den Aufklärern in den letzten Jahren des achtzehnten Jahrhunderts: Sie schauen in einen Spiegel, und es gucken Gespenster und Teufel zurück. Und es geht ihm wie August Strindberg, der nach Ystad kam, um Ruhe für seine geschundene Seele zu finden: In seinem Theaterstück *Ein Traumspiel* von 1907 läßt er eine Göttertochter namens Agnes auf die Erde kommen, um die Menschen vor sich selbst zu retten. Doch sie muß erfahren, daß es aus dem Elend kein Entrinnen gibt: »Es ist schade um die Menschen«, lautet der Refrain dieses Dramas.

Und auch zu diesem Zweck benötigt man eine offene Landschaft: Denn Serienmörder brauchen Platz, vor allem, wenn sie ambulant arbeiten. Auch deswegen sind sie in der amerikanischen Literatur häufiger als in der europäischen. Ein Serienmörder will ungestört töten, er muß sich bewegen können, ohne beobachtet zu werden, und er braucht einen Weltzustand, der ihm das erlaubt. Die Welt hat sich in eine Schreckenskammer verwandelt. Mitten hindurch vagabundiert ein Mörder, von dem man sich nicht einmal ein Bild machen kann, so als lauere unterhalb der offenen Gesellschaft eine dunkle Verschwörung, in der alle Fäden der Macht zusammenlaufen – wie beim Mord an Olof Palme, von dem die meisten Schweden immer noch glauben, Angehörige einer staatlichen Institution, eine Geheimgesellschaft im Inneren des schwedischen Rechtswesens habe die Verantwortung für diese Tat zu tragen. Deswegen spielen die Romane nicht in der Stadt, sondern im Dunstkreis der Gülle, durch den sich der Kommissar in seinem ewig unzuverlässigen Automobil der Marke Peugeot bewegt: Denn unsicher ist der Raum, der öffentliche zumal, auch und gerade wenn jeder Ankömmling von weitem zu erkennen ist. Das eigene Haus ist keine Burg mehr, unter gar keinen Umständen. Mankell beschreibt die anarchische Verfassung einer Gesellschaft, die sich zu Unrecht für einen modernen, sozialen Staat hält. Aus demselben Grund schmuggelt er viele kleine Leitartikel in seine Bücher: »So sieht Schweden aus«, muß Kurt Wallander denken, »der Unterschied zwischen den Menschen ist genauso groß wie zu der Zeit, als ein Teil in Herrenhäusern lebte und der andere Teil in Hütten.«

Man muß die Südküste Schwedens nicht besonders gut kennen, um zu wissen, daß diese Landschaft für die vielen Verbrecher, die Kurt Wallander darin jagt, ein bißchen zu klein ist. Und Henning Mankell kostet diese Beschaulichkeit in seinen Romanen aus: den Samstagnachmittag vor dem Fernseher, den Kaffee auf der Terrasse, den schmelzenden Zuckerguß auf einem Erdbeertörtchen. Doch nach neun Romanen dürfte es in dieser Gegend nur noch wenige Sträucher geben, hinter denen nicht irgendwann eine Leiche gelegen oder ein Mörder gewacht haben soll: ein junger Mann, der sich mit Kriegsfarben bemalt und auf dem Mofa zu seinen Verbrechen fährt, ein pensionierter Politiker, der im Nebenberuf junge Frauen quält, Rauschgifthändler, Scharfschützen, Geheimdienstler, Hehler, Spekulanten, Zuhälter – kurz, ein gewalttätiges Repertoire, so roh wie eindringlich, mit dem man leicht eine internationale Großstadt füllen könnte. Es ist, als wollte Henning Mankell die Belastungsfähigkeit dieser Landschaft prüfen.

Und noch eines kommt hinzu: In einer Gesellschaft, die bis in ihren Grund transparent sein soll, durchsichtig bis in ihr Ungewußtes, ist das Dunkle nicht nur bedrohlich. Es lockt, es fasziniert auch. Ein Spalt hat durch die schöne Welt zu gehen, es muß ihn geben, denn nichts ist in einem offenen Staat verlockender als das Verbotene und Geheime. Wie diese Kriminalisierung der Phantasie funktioniert, war im Frühjahr 1998 in Borrby zu erleben, einem ansonsten vor allem durch seinen wie geschraubt wirkenden Kirchturm – auch er ein umgedrehtes Blätterteighörnchen – bekannten größeren Dorf im Osten der Ebene von Schonen, wo das Sozialamt von Malmö einen ehemaligen Drogenabhängigen untergebracht hatte, damit er auf dem Lande, fern von seinen schlechten Freunden und dunklen Unterschlüpfen, zu einem besseren Menschen werde. Als die Geschichte vom »Borrbymann« ist die Reaktion der Dorfbevölkerung auf diese Verlegung durch die schwedische Presse gegangen. Zuerst gab es Gerüchte von wüsten

Drohungen, die der »Borrbymann« gegen die Einheimischen ausgestoßen hätte. Dann soll er sogar ein Messer gezückt haben. Die jungen Männer des Dorfes bildeten daraufhin eine Bürgerwehr, bewaffneten sich mit Eisenrohren, zerschlugen die Wohnungseinrichtung des »Borrbymanns« und brannten den Schuppen nebenan nieder. »Im Nebel hocken Menschen an ihren Küchentischen und organisieren Bürgerwehren«, denkt sich Kurt Wallander, »wer sich im Nebel verfährt, riskiert es, totgeschlagen zu werden.« In der Mitte der offenen, zivilen Gesellschaft ist eine böse, alte, rechtlose Welt wiedererstanden.

Über nichts spricht Henning Mankell in diesen Romanen so oft wie über das Wetter: »Durch den Spalt der Gardine konnte er ein Stück blauen Himmel sehen. Das schöne Wetter hält an.« »Zu diesem Zeitpunkt fielen über Bjuv ein paar Regentropfen.« »Es regnete immer noch.« »Am Abend flaute der Wind ab und schlief dann völlig ein.« Nun spricht man auf dem Land immer und überall gern vom Wetter, und vielleicht dienen diese Berichte dazu, Auskunft über die jeweilige Stimmung des Helden zu erteilen. Denn auch die Guten sind stets an ihrer Farbe zu erkennen, so »grau vor Schlaflosigkeit«, wie sie sind. Vor allem aber spiegelt sich in der unerhörten Gleichgültigkeit des Wetters die Lage eines Menschen, der alles zu ertragen hat, was ihm zugemutet wird.

Wer aber wissen will, was in dieser Region wirklich geschieht, der liest wie Kurt Wallander die regionale Tageszeitung. ›Ystads Allehanda‹. In großen Schlagzeilen auf der ersten Seite am ersten Werktag des Jahres 2002 meldet sie: »Überschwemmung in der ganzen Küche«. Im dazugehörigen Artikel geht es um eine Bewohnerin von Ystad, deren Waschbecken wegen eines verstopften Abflußrohres überlief, weil das Telefon des Klempner-Notdienstes versagte. Am Tag darauf wurde an gleicher Stelle gemeldet: »Vier Jahre Gefängnis für Buchdiebstähle«. Die Tat war in Jönköping, dreihundert Kilometer nördlich, begangen worden, war aber in Ystad auf Aufmerksamkeit gestoßen, weil der Dieb ein »ehemaliger Bürger« der Stadt gewesen war. In den folgenden Tagen geht es auf der ersten Seite um Pendler, die bei großer Kälte im Freien auf den Lokalzug warten mußten, und um einen Lastwagenchauffeur, der im Fährhafen mit einer Ladung geschmuggelter Zigaretten gefaßt worden war und nun den Zoll nachzahlen muß. Viel mehr geschieht nicht in dieser Gegend. Aber in jedem Jahr sterben in Schweden etwa hundert Menschen durch die Hand eines anderen. Die wenigsten von ihnen trifft dieser gewaltsame Tod in Ystad, im Schnitt jedes Jahr höchstens einen, und meistens ist es eine Tat aus verschmähter Liebe.

## *Im Osten die dröhnende Leere*

Im Kiefernwald über den ehemaligen Flugsandfeldern von Sandhammaren, wo der Leuchtturm in seinem eisernen Gerüst am äußersten Winkel von Südostschonen den Schiffen das Signal zur Änderung der Fahrtrichtung gibt und dem gegenüber Hunderte von Schiffen auf den Sandbänken gestrandet sind, lebt ein Rudel Elche. Südlicher als diese gibt es keine Elche in Skandinavien, und die vorhandenen Tiere müssen ohne Freunde und Nachbarn im Hinterland zurechtkommen. Dies ist der äußerste südliche Vorposten des größten aller Hirsche mit seinem kurzen und groben Körper, mit den langen und kräftigen Beinen, dem kurzen, dicken Hals, dem langen Kopf mit seinem großen, überhängenden, sehr beweglichen Maul. Bis beinahe drei Meter hoch und eine halbe Tonne schwer, wirkt er zu groß, viel zu mächtig für die offene Landschaft. Denn im Elch treffen sich Norden und Osten, er braucht die großen Wälder, die Sümpfe, und die sind heute außer im nördlichen Norden überall verschwunden. Im Süden Schwedens ist der Elch ein Überbleibsel aus einer älteren Zeit. Aber auch ein Bote für das, was einen auf der anderen Seite des Meeres erwartet. Denn diese Landschaft geht nach Osten. Im Westen gibt es eine Grenze. Im Norden liegt der Wald. Im Osten aber verlieren sich die Wege am Strand. Dann kommt das Meer. Und was kommt danach?

Im Sommer 1929 geriet Thomas Mann nach einem Besuch in Königsberg eher zufällig in das Dorf Nidden auf der Kurischen Nehrung. Von der »phantastischen Welt der Wanderdünen, den von Elchen bewohnten Kiefern- und Birkenwäldern zwischen Haff und Ostsee, der wilden Großartigkeit des Strandes«, war er so begeistert, daß er einem Architekten in Memel den Auftrag gab, ihm hier ein Sommerhaus zu errichten. Und er war stolz auf diesen Kauf, so stolz, daß er 1931 dem Münchner Rotary Club einen Vortrag über »mein Sommerhaus« hielt. »Ich habe eine starke Sympathie für diese Landschaft«, erklärte er. »Man findet einen erstaunlichen südlichen Einschlag. Das Wasser des Haffs ist im Sommer bei blauem Himmel tiefblau. Es wirkt wie das Mittelmeer. Es gibt dort eine Kiefernart, Pinien ähnlich. Die weiße Küste ist schön geschwungen, man könnte glauben, in Nordafrika zu sein ...« Einmal noch baut Thomas Mann den ganzen allegorischen Apparat von Norden und Süden, Mythos und Sinnlichkeit, Hans Hansen und Tonio Kröger auf, an einem Ort, dessen Bedingung die Abgelegenheit, aber auch das Labile zu sein scheint. »Alles ist weglos, nur Sand, Sand und Himmel. Immer wieder überkommt mich hier der Eindruck des Elementarischen, wie ihn sonst nur das Hochgebirge oder die Wüste hervorruft.« Und das geschieht im gleißenden, vom Wasser auf beiden Seiten der Nehrung wie vom Strand reflektierten Licht eines Augusttages. Drei Sommer war Thomas Mann in Nidden, jeweils für sechs oder sieben Wochen. Danach verschwand, wie es heißt, das kleine Schicksal im allgemeinen.

Man steht am Wasser, in Brantevik zum Beispiel. Die Küste ist hier steinig, große Platten einer grauen, harten, in ihren horizontalen Bruchlinien an Schiefer erinnernden Sorte von Kalkstein senken sich sachte ins Wasser. Dutzende von großen, runden, meist mit Wasser gefüllten Löchern sind in diesen Flächen ausgeschnitten, denn hier wurden die Mühlsteine gebrochen, mit denen das Getreide der ganzen großen Ebene gemahlen wurde. In weitem Abstand zueinander, in stets gleicher Entfernung aufgereiht, stehen Angler in ihren grünen und grauen Gummistiefelhosen im Wasser. Im Norden, hinter Simrishamn, kehrt der weiße Sandstrand zurück, im Süden, bei Gislövshammar, reicht ein Eichenhain bis an das Meer. Die Angler aber schauen nach Osten, streng nach Osten. Es ist, als hätten sie die Welt hinter sich und ihnen voraus befände sich nichts als die Leere. Dabei geht die Landschaft auf der anderen Seite der Ostsee genauso weiter, wie sie hier aufhört.

Dort liegen Königsberg, Litauen, Lettland. Dort liegt Klaipeda, das frühere Memel. Und Riga, nicht nur der Heimatort von Kurt Wallanders gelegentlicher Geliebter Baiba, sondern eine große alte Stadt mit gotischen Händler- und Handwerkerhäusern, eine Kapitale des Jugendstils mit einem großen Ring von Patrizierhäusern der Jahrhundertwende. Eine Stadt, in der jeden Tag vor den riesigen Hallen, wo in den dreißiger Jahren Luftschiffe gebaut werden sollten, der große Markt stattfindet, zu dem die Händler über Hunderte von Kilometern reisen. Dort ist schon das Elend Osteuropas zu Hause, und über die Vorstädte bis weit auf das Land hinaus setzt es sich fort. Denn den meisten Letten geht es heute schlechter als vor ihrer Unabhängigkeit, vor allem den Bauern. Sie müssen erfahren, daß ihr Nationalismus eine sehr beschränkte materielle Grundlage hat. Eine tiefe Kluft tut sich auf zwischen der Hauptstadt und dem Rest des Landes, fast wie in der Dritten Welt. Beinahe die Hälfte der Letten sind Russen, die meisten von ihnen ohne lettische Staatsbürgerschaft, und es sind viele Reiche darunter. Woher kommt aber der Reichtum? Immer noch von den Russen, behaupten viele, und damit meinen sie natürlich weniger den offiziellen Handel, der auf der baltischen Seite durch Zölle kaum belastet wird. Tatsächlich ist der größte Teil der Waren, die in den Häfen von Klaipeda, Riga oder Tallinn umgeschlagen werden, für das russische Hinterland bestimmt. Oder er kommt von dort. Lieber aber wird von Ereignissen erzählt, die sich so leicht nicht belegen lassen. Vom Überfall auf einen Lastwagen in den Sümpfen, von der geheimen Last eines Kutters, von Geschichten aus einer zwar zeitgenössischen, aber sehr barbarischen Welt, in der zum Beispiel die Preise für Öl und Buntmetalle weit unter denen liegen, die auf dem Weltmarkt gefordert werden, von Drogen, Zigaretten und Prostituierten ganz zu schweigen. Als Estland mit dem Zerfall des sowjetischen Imperiums selbständig wurde, schenkte Schweden der Armee des neuen Staates ein paar tausend alte Fahrräder, mit denen die frisch bestellten Soldaten eine lange Küste mit mehreren großen Inseln sowie eine Festlandsgrenze bewachen sollten, die auf einer langen Strecke durch den Peipus-See verläuft, eines der größten Binnengewässer Europas. Leider taugten die Fahrradschläuche nicht mehr viel.

Der Osten liegt im Nebel. Denn dort liegt das weite Meer, nicht im Westen, und die Temperaturunterschiede zwischen Luft und Wasser sind größer. Und der Nebel erscheint in vielen Gestalten, als leichter, weißer, in blassen Wolken daherwehender Dunst, als weiche, milde, sich an die Haut schmeichelnde feuchte Schicht, oder als trübe, graue Masse, bitter und schwer, als sei sie aus irgendeiner naheliegenden Höhle aufgestiegen. Auf den Molen der Fischerdörfer, möglichst weit draußen, stehen Nebelhörner, große, vierkantige Trichter, die ein blechernes, tiefes Brüllen wie von einem gequälten Tier von sich geben, ein Geschrei, das von unsichtbaren Wänden in die Dörfer zurückgeworfen zu werden scheint. Und weil der Horizont nicht zu erkennen ist, weil Himmel und Wasser ohne Trennlinie und Farbunterschied ineinander übergehen, entsteht so eine dröhnende Leere, über deren tatsächliche Ausdehnung es keine Gewißheit gibt. Vor allem dann ist es, als sei die Welt endgültig geschrumpft auf einen einzigen blinden und tauben Punkt. Auch Kurt Wallander kennt dieses Gefühl. Es ergreift ihn um vier Uhr früh auf dem Schießfeld von Kabusa: »Er schrie auf wie ein einsames menschliches Nebelhorn«, schreibt Henning Mankell, »es gibt kein Zurück, dachte er verzweifelt. Ich werde in diesem Nebel wie in einer Wüste verschwinden. Wenn er sich auflöst, gibt es mich nicht mehr.« Und in seiner Qual pinkelt Kurt Wallander auf die Straße.

Tatsächlich kann Nebel schmerzhaft sein, körperlich, weil einem die feuchte Kälte durch die Haut zieht, und seelisch, weil dem Blick alle Freiheit genommen ist. Das Gefühl, die andere Seite, welche andere Seite auch immer, selbst die unangenehme und gefährliche, könnte nicht eine lange Reise, eine Schiffsfahrt, eine Passage auf der Fähre, einen Flug, sondern nur noch ein paar hundert Meter weit entfernt liegen, gehört zur Erfahrung mit dem Nebel am Meer. Hier ist tatsächlich eine Grenze gezogen, und jetzt wäre der Moment gekommen, in dem ein orangefarbenes Gummiboot aus dem Nichts auftauchen könnte, mit zwei toten, schon halb verwesten Menschen darinnen. Und wenn sich dieses Gummiboot aus dem Nebel löste, dann käme es gewiß nicht von der dänischen Insel Møn oder von Rügen herübergeschwemmt, sondern aus dem Osten angedümpelt, aus Litauen oder Lettland, als unheimlicher Bote einer entschwundenen Wirklichkeit. Dann hörte die moderne Welt auf, und es träte, so könnte man meinen, die Gesellschaft aus dem Licht ins Dunkel zurück.

Segelte man von Nidden aus geradewegs nach Westen, immer am Breitengrad 55″ 22′ entlang – dann erreichte man auf der anderen Seite der Ostsee Sandhammaren, wo es gleichermaßen weglos ist: »Sand, Sand und Himmel«.

# Literatur

Wer etwas über den Süden Schonens erfahren möchte, der ist in hohem Maße auf fremdsprachige Literatur angewiesen. Über Hans Christian Andersens Leben berichtet die leider bislang nur auf englisch erschienene Biographie von Jackie Wullschläger *(Hans Christian Andersen: The Life of a Storyteller)*, erschienen 2000 im Verlag The Penguin Press in London. Eine Biographie von Rutger Macklean hat Eric Mårtensson, der Kustos des Schloßmuseums Svaneholm, unter dem Titel *Rutger Macklean – Om den stora jordrevolutionen och den nya skolan* als Heft des Jahres 1997 der Zeitschrift ›Svaneholms årsskrift‹ publiziert. Die Passagen aus den Werken August Strindbergs sind der im Norstedts Förlag in Stockholm erschienenen Nationalausgabe entnommen und wurden, weil sie wie die Reiseberichte »Skånska landskap med utvikningar« und »Svensk natur« nie auf deutsch vorlagen, vom Autor übersetzt. Zu August Strindbergs Leben habe ich die Biographie von Olof Lagercrantz hinzugezogen, erschienen 1980 im Suhrkamp Verlag. Ein Porträt von Anders Eliasson, dem Arzt und Freund August Strindbergs, ist 1966 im elften Jahrbuch von *Ystads Fornminnesförening*, dem Verein für Heimatgeschichte in Ystad, erschienen. Der Verfasser ist Orvar Nilsson. Gunnar Brandell hat die überaus detaillierte Studie *Strindberg in Inferno* verfaßt, veröffentlicht 1974 von der Harvard University Press in Cambridge/Massachusetts. Leider wieder nur auf schwedisch ist Johan Lindgrens Biographie *August Palm. Den svenska socialdemokratins banbrytare* erschienen (Tidens Förlag, Stockholm 1931). Die verläßlichste Arbeit über das Leben von Dag Hammarskjöld hat sein früherer Mitarbeiter Brian Urquhart verfaßt. Sie ist 1972 im Verlag Norstedts in Stockholm publiziert worden.

Magnus Enberg hat 1998 eine Sammlung von Aufsätzen über Künstler und Künstlerleben auf beiden Seiten des Öresund publiziert. Sie ist unter dem Titel *Visiter vid Sundet. I författarspår runt ett gränsvatten* im Verlag Arena in Lund erschienen. Eines der schönsten Bücher über den Südosten Schonens ist Jacques Werups Landschaftsessay *Hemmavid*, veröffentlicht 1999 im Verlag Natur och Kultur in Stockholm. Informativ sind Inge Lofströms Reisebuch *Österlen*, im Jahr 1994 im Selbstverlag in Simrishamn erschienen, sowie Tomas Löfströms Aufzeichnungen *På Österlen*, in einer überarbeiteten Ausgabe 1994 im Verlag Ord & Hus in Kivik veröffentlicht. Tomas Löfström hat darüber hinaus im Jahr 2002 die Anthologie *Österlen. Landskapet i litteraturen* im Verlag Artograf in Simrishamn veröffentlicht. Nützlich ist das kompakte Werk *Skånes Historia* von Sten Skansjö, erschienen 1997 im Verlag Historiska Media in Lund. Selma Lagerlöfs Roman *Nils Holgerssons wunderbare Reise durch Schweden* ist unter anderem bei Reclam in Stuttgart erhältlich, leider in einer nicht ganz zuverlässigen Übersetzung. Die zitierten Passagen wurden vom Autor übertragen. Tomas Tranströmers »Ostseen« finden sich von Hanns Grössel übersetzt in *Sämtliche Gedichte* bei Hanser, 1997. Hans Christian Andersens *Märchen* sind nach der von Heinrich Detering edierten zweibändigen Ausgabe zitiert, die 1996 im Verlag

Artemis & Winkler in Düsseldorf und Zürich erschienen ist. Zwischen Bildband und Sachbuch liegt das Werk *Skåne*, herausgegeben 2002 von Bo Tynderfeldt im Bilda Förlag in Stockholm.

# Inhalt